AF315228

PAUL DURRIEU

LA PEINTURE

à l'Exposition des

Primitifs Français

V
5198

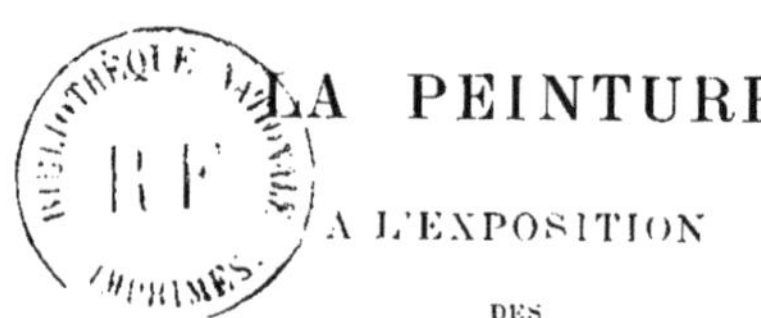

LA PEINTURE

A L'EXPOSITION

DES

PRIMITIFS FRANÇAIS

BIBLIOTHÈQUE NATIONALE — IMPRIMÉS

PARIS — IMPRIMERIE GEORGES PETIT

12, RUE GODOT-DE-MAUROI, 12

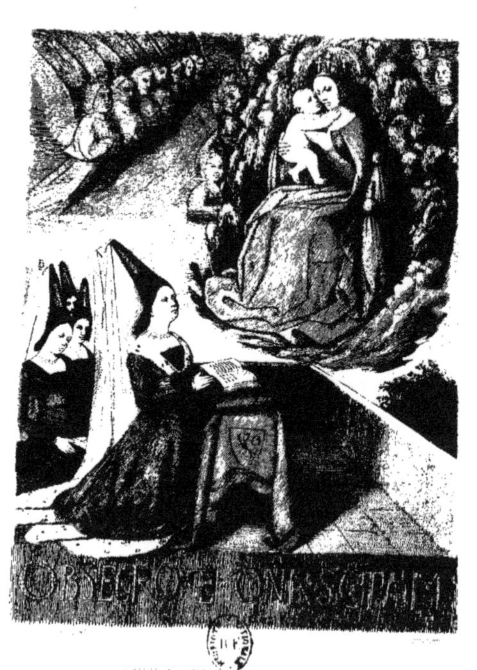

LA PEINTURE

À L'EXPOSITION

DES

PRIMITIFS FRANÇAIS

PAR

LE COMTE PAUL DURRIEU

CONSERVATEUR HONORAIRE AU MUSÉE DU LOUVRE

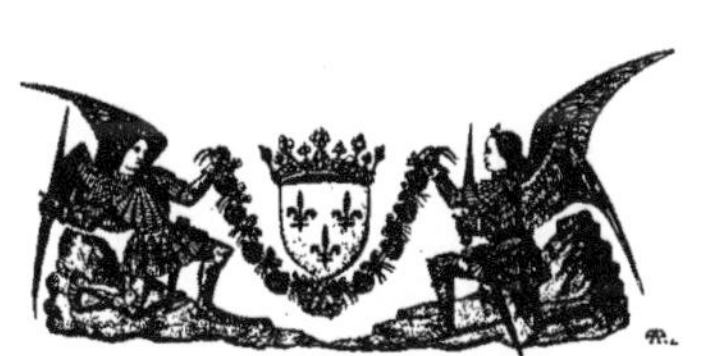

PARIS

LIBRAIRIE DE L'ART ANCIEN ET MODERNE

ANCIENNE MAISON J. ROUAM

60, Rue Taitbout, 60

1904

BIBLIOTHÈQUE NATIONALE — RF — IMPRIMÉS

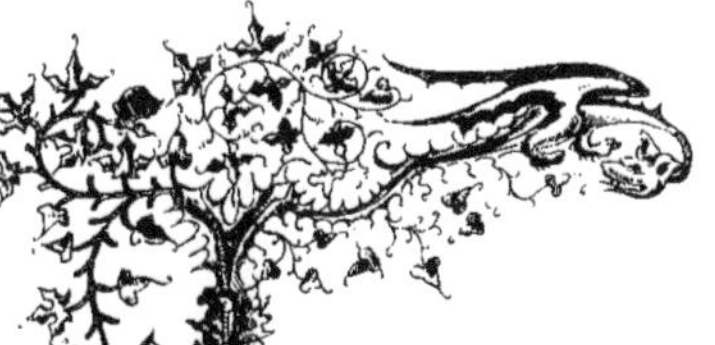

LA PEINTURE

A L'EXPOSITION DES PRIMITIFS FRANÇAIS [1]

CHAPITRE PREMIER

LES PRIMITIFS FRANÇAIS ET LEUR PETIT NOMBRE

Une exposition de primitifs français! Lorsque le projet d'une semblable exposition a été suggéré pour la première fois, et soutenu depuis avec tant d'ardeur et de talent par notre savant confrère et excellent ami, M. Henri Bouchot, le public a pu s'étonner. Des primitifs français! Où donc sont-ils? Où les trouverez-vous? Il n'y a pas encore le temps d'une vie d'homme, qu'on eût été porté à jurer qu'il n'en existait pas. Il en était alors de la peinture française avant la Renaissance, ou, pour fixer une date, avant le milieu du règne de François Ier, comme de notre littérature nationale pour Boileau. « Enfin, Malherbe vint! » Du coup, Boileau expédie leste-

---

1. Je réunis ici une série de quatre articles, qui ont paru sous ce titre : *l'Exposition des Primitifs français*, dans la *Revue de l'art ancien et moderne*, t. XV, n^{os} de février, mars, avril et juin 1904.

Le lecteur voudra bien tenir compte que les deux premiers chapitres ont été rédigés à une époque antérieure à l'ouverture de l'Exposition, alors que celle-ci n'était encore que dans la période de première préparation.

NOTA. — Il a été publié pour l'Exposition un *Catalogue* développé, dont il a été successivement tiré trois éditions. Ce catalogue est divisé en deux sections, chacune avec numérotation indépendante. La première section, que nous indiquerons dans nos renvois par l'indication P. M., comprend les objets exposés au *Pavillon de Marsan* du palais du Louvre. La seconde section, à laquelle nous renverrons par les lettres B. N., vise les manuscrits à miniatures réunis à la *Bibliothèque nationale*.

ment tout ce qui avait précédé, dans les lettres françaises, l'aurore du
siècle où lui-même vivait, le tenant presque pour nul et non avenu. Même

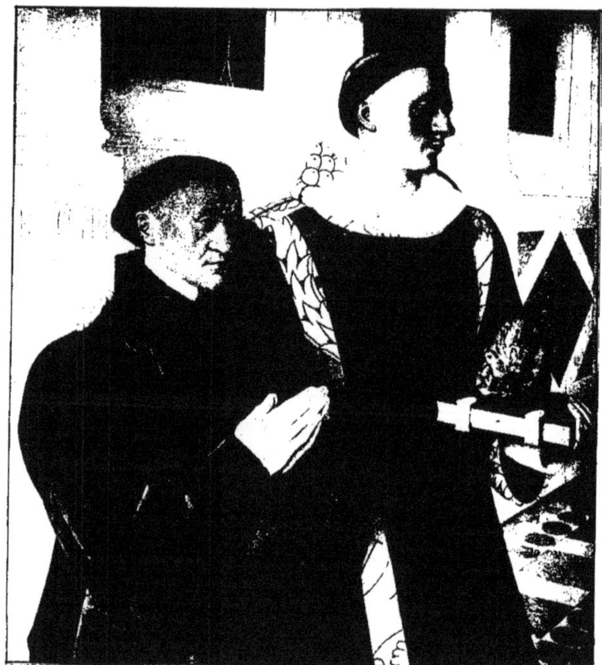

JEAN FOUQUET. — ÉTIENNE CHEVALIER EN PRIÈRE, AVEC SON SAINT PATRON
(Musée de Berlin).

opinion dominait pour les peintres ayant travaillé dans notre pays jusqu'à
l'époque du vainqueur de Marignan. Avant les artistes du temps d'Henri IV
et de Louis XIII, avant Ambroise Dubois, Fréminet et Simon Vouet, on
connaissait « les Clouet », auxquels on attribuait, d'une manière assez

confuse, des portraits qui n'étaient pas, généralement, antérieurs au règne
d'Henri II; on célébrait encore Jean Cousin et Jean de Gourmont. Et

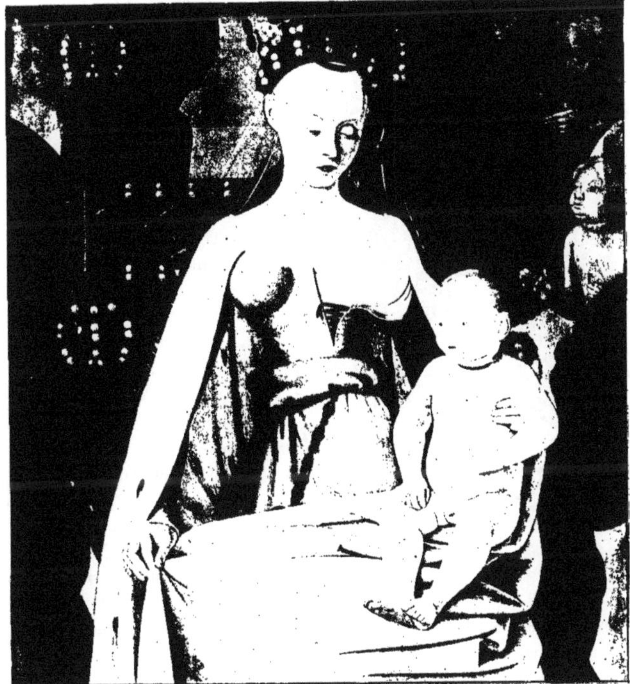

JEAN FOUQUET. — LA VIERGE.
(Musée d'Anvers).

c'était tout. Les premières éditions du catalogue des tableaux de l'École
française au musée du Louvre par Villot, seul guide existant dans ma
jeunesse pour notre grande collection nationale, ne prononçaient pas de
nom plus ancien.

Aussi, en face d'une œuvre datant du xv° siècle, dès qu'elle avait un mérite réel, jamais on n'avait l'idée de penser à un artiste français. Des exemples bien amusants peuvent être cités à cet égard. Lorsque, sous Louis-Philippe, l'État eut la bonne fortune d'acquérir, à des prix paraissant maintenant invraisemblables de bon marché, les deux très précieux

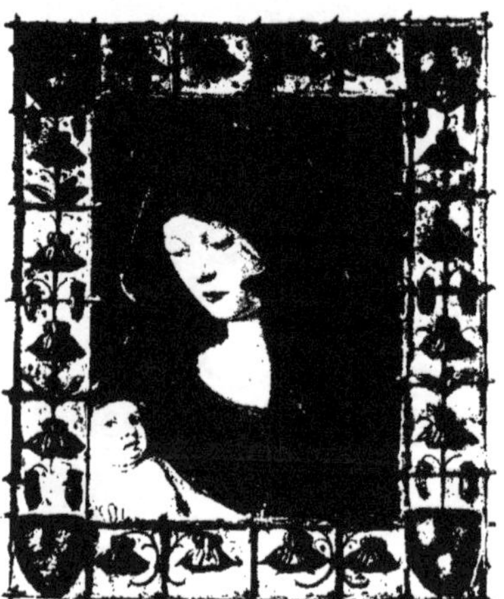

JEAN FOUQUET. — LA VIERGE
(Miniature d'un livre d'heures de la Bibliothèque royale de La Haye)[1].

portraits qui représentent au musée du Louvre Jean Fouquet comme peintre, celui de Juvénal des Ursins et celui du roi Charles VII, sait-on sous quelles attributions les portraits furent inscrits d'abord sur les inventaires des musées royaux ? Le Juvénal des Ursins était considéré comme étant de l'Allemand Michel Wohlgemuth ; quant au Charles VII, c'était plus inattendu encore, on y voyait un « ouvrage... grec » !

Et l'histoire du splendide retable du *Buisson ardent*, de la cathédrale d'Aix, que M. Lafenestre a jadis racontée d'une manière si piquante dans la *Revue de l'art ancien et moderne*[2] ! Les critiques se disputaient pour savoir à quel peintre flamand l'attribuer. Les grands noms, parfois les moins vraisemblables, mais toujours fidèlement pris dans l'école flamande, en dehors de laquelle nul ne songeait à chercher, depuis Van Eyck jusqu'à Memling, étaient successivement proposés, avec force arguments à l'appui, quand, un beau

1. Sur cette miniature, voir mon étude intitulée : *Deux Miniatures inédites de Jean Fouquet*, Paris, 1902 (extrait des *Mémoires de la Société Nationale des Antiquaires de France*, t. LXI).
2. Voir dans la *Revue* du 10 novembre 1897, t. II, p. 305, l'article de M. Lafenestre sur *Nicolas Froment d'Avignon*.

jour, un chercheur plus avisé, M. Blancard, mit tout le monde d'accord
en produisant au jour le texte décisif qui restituait *le Buisson ardent*, non
pas à un Flamand, mais à un Français, Nicolas Froment.

Ce sont là, je me hâte de l'ajouter, des errements qui tendent à être
abandonnés. Déjà de
grands progrès ont été
faits, et dans la critique
et même dans le public.
Les habitués du Louvre
connaissent bien, avec
le *Juvénal des Ursins*
du Salon carré, la salle,
en retour de la Grande
Galerie, où ont été réu-
nies les peintures du
xve siècle d'origine française, tableaux venant
des ducs de Bourgogne,
Charles VII de Fouquet,
diptyque des Matheron
avec les portraits du roi
René et de sa seconde
femme Jeanne de La-
val, etc. La dernière
Exposition universelle
de 1900 a permis de voir
à Paris, au Petit Palais,
d'autres morceaux d'une

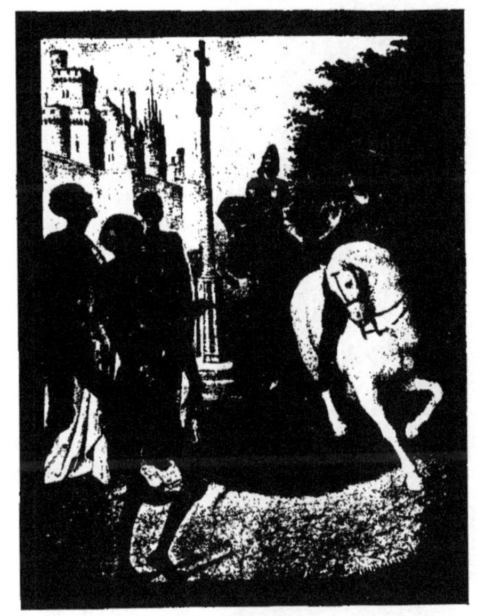

JEAN FOUQUET. — LES TROIS MORTS ET LES TROIS VIFS[1]
(Collection de M. le comte Paul Durrieu).

importance capitale, le *Buisson ardent* d'Aix, le triptyque de Moulins,
la Glorification de la Vierge, par Enguerrand Charonton, de Villeneuve-
lès-Avignon, et nul n'a plus songé à réclamer ces œuvres pour d'autres

1. Miniature tirée d'un livre d'Heures, qui passait au xviie siècle, sans aucune raison d'ailleurs, pour
es *Heures de la dernière comtesse de Flandre* (P. M., n° 19).
De ce même livre d'Heures provient la charmante image de la dame de Baudricourt en prière,
dont la gravure, par M. Burney, est placée en tête de notre étude.

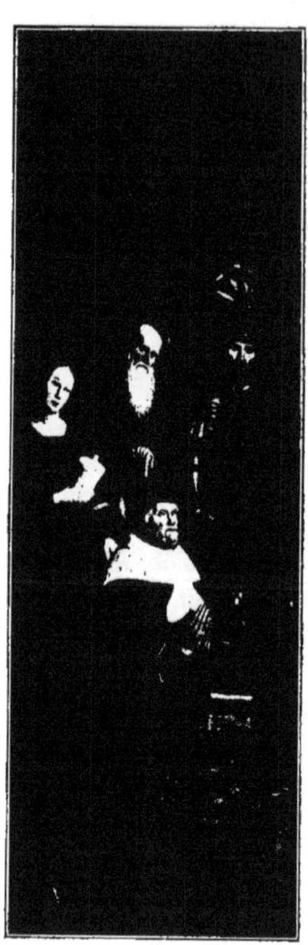

NICOLAS FROMENT.
LE ROI RENÉ D'ANJOU
(Panneau de gauche
du triptyque de la cathédrale d'Aix).

que pour des artistes français. En même temps, des écrivains autorisés ont fait l'éducation de leurs lecteurs. D'éminents membres de l'Académie des Beaux-Arts, MM. Gruyer et Lafenestre, ont travaillé pour la gloire de Jean Fouquet. D'autres historiens de l'art, aussi érudits que perspicaces, au premier rang desquels MM. Henri Bouchot et Camille Benoit, ont montré que le cas du *Buisson ardent* d'Aix, si longtemps attribué à tort à l'école flamande, n'était pas unique, que la France pouvait s'enorgueillir encore de certaines œuvres données, trop légèrement elles aussi, à des artistes d'autres pays. Suivant la voie tracée jadis par les marquis de Laborde, les Montaiglon, les marquis de Chennevières, les Courajod, pour ne parler que des disparus, toute une petite légion de chercheurs sincères et persévérants s'est efforcée de remettre en lumière les témoignages, ayant échappé à la destruction du temps, de l'activité de nos vieux maîtres.

Ces efforts réunis commencent à porter leurs fruits. Il n'y a pas bien longtemps, pour prendre un exemple, que le nom de Jean Fouquet n'était connu que d'un groupe très restreint d'érudits et de spécialistes. Pour le grand public, pour les collectionneurs, même les plus éclairés, pour les représentants officiels des beaux-arts dans notre patrie à cette époque, ce nom restait absolument lettre morte. J'ai pu le constater moi-même dans une campagne, hélas! n'ayant eu aucun résultat, faite en vue d'attirer l'attention sur le portrait d'Étienne

Chevalier, alors à Francfort, et qu'il eût été
si désirable de conquérir pour la France.
Aujourd'hui, il n'en est plus de même. Jean
Fouquet a regagné peu à peu sa place parmi
les grands peintres, non seulement dans sa
patrie, mais à l'étranger, en Allemagne au
Musée de Berlin, en Belgique au Musée
d'Anvers, en Autriche dans la galerie Liechtenstein. L'Angleterre se doute aussi qu'elle
pourrait bien posséder quelques-uns des
plus précieux monuments de la vieille peinture française, avec un diptyque appartenant au comte de Pembroke, sur lequel un
peintre de la fin du xiv⁰ siècle a représenté
le roi Richard II à genoux devant la Vierge,
ou avec le panneau du musée de Glascow,
attribué au « maître de Moulins », dont
nous reparlerons.

Toutefois, il faut avouer que, même
pour qui était le plus au courant de l'état
des travaux de la critique récente, le terme
de primitif français ne désignait encore,
tout récemment, qu'une catégorie très vague
comme détermination, et bien restreinte,
en tout cas, comme nombre de pièces à
citer.

Sur la question de détermination : que
peut-on appeler un primitif français? —
question très délicate et se prêtant à être en-
visagée de diverses manières, — nous reviendrons ultérieurement. Disons seulement
dès maintenant que, pour nous, le lieu de
naissance des artistes ne nous paraît être,
en cette matière, qu'un élément relativement
secondaire. De ce que Rubens est né près de Cologne, de ce que Memling,

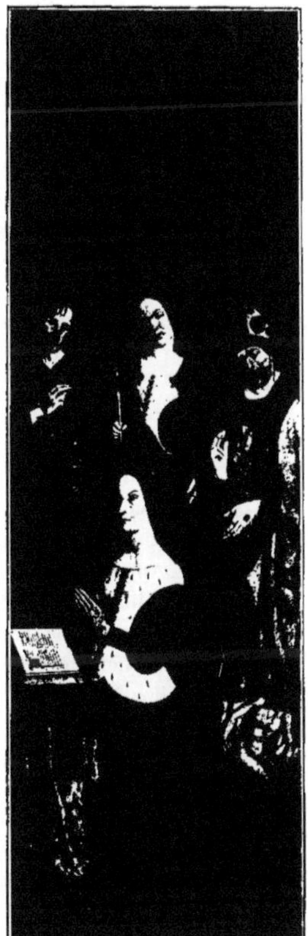

NICOLAS FROMENT.
JEANNE DE LAVAL, FEMME DU ROI RENÉ
(Panneau de droite
du triptyque de la cathédrale d'Aix.

comme le fait paraît prouvé, est sorti des environs de Mayence, faut-il enlever Memling et Rubens à l'école flamande pour les considérer comme des Allemands ? Pas plus, en prenant une comparaison dans le domaine de la littérature, qu'il ne faudrait faire de Boccace un écrivain parisien, sous ce prétexte, vrai en soi d'ailleurs, que Boccace, par aventure, se trouve être né à Paris. Ce qui est important, ce n'est pas l'endroit précis d'origine, c'est le milieu dans lequel l'artiste est venu travailler, où il a achevé de se former, et qui a exercé l'influence prépondérante et décisive sur la genèse de son talent.

Mais, même en comprenant la question de la manière la plus large, en admettant tout ce qui est œuvre de peintres ayant habité le cœur de notre pays, Paris et l'Ile-de-France, le Berry, le Poitou, la Touraine, l'Anjou, encore que ces peintres aient vu le jour sous d'autres cieux, le total des monuments à invoquer est inquiétant au premier abord par son chiffre très peu élevé.

Que l'on parle des primitifs italiens, en donnant à cette expression le sens si longtemps adopté de peintres antérieurs à l'apparition de Raphaël et de Michel Ange sur la scène du monde, immédiatement l'esprit se représente la merveilleuse série de fresques du *trecento* et du *quattrocento* qui subsistent encore d'une extrémité à l'autre de la Péninsule, depuis les régions qui touchent aux Alpes, comme la Lombardie, jusqu'aux capitales des Deux-Siciles, Naples et Palerme. On revoit aussi en pensée ces tableaux presque innombrables, du même temps, qui ont suffi à enrichir la majeure partie des musées d'Europe, à commencer par le Louvre, avec sa Galerie des Sept mètres et la première travée de sa Grande Galerie, qui ont même alimenté, au delà de l'Océan, certaines collections d'Amérique, tout en laissant encore des réserves immenses dans leur contrée d'origine, à Milan, Florence, Sienne, Pérouse, Venise, et dans tant d'autres villes italiennes, grandes ou petites.

Si nous quittons les primitifs italiens pour les primitifs flamands, nous avons le souvenir éblouissant de l'Exposition de Bruges, en 1902, et nous songeons en même temps, comme écrasés sous le poids de ces richesses, à tout ce qu'aurait pu ajouter encore à cette manifestation, déjà si éclatante, l'envoi de tant d'autres créations capitales des Van Eyck, des Rogier Van der Weyden, des Memling, des Quentin Metsys, et de leurs

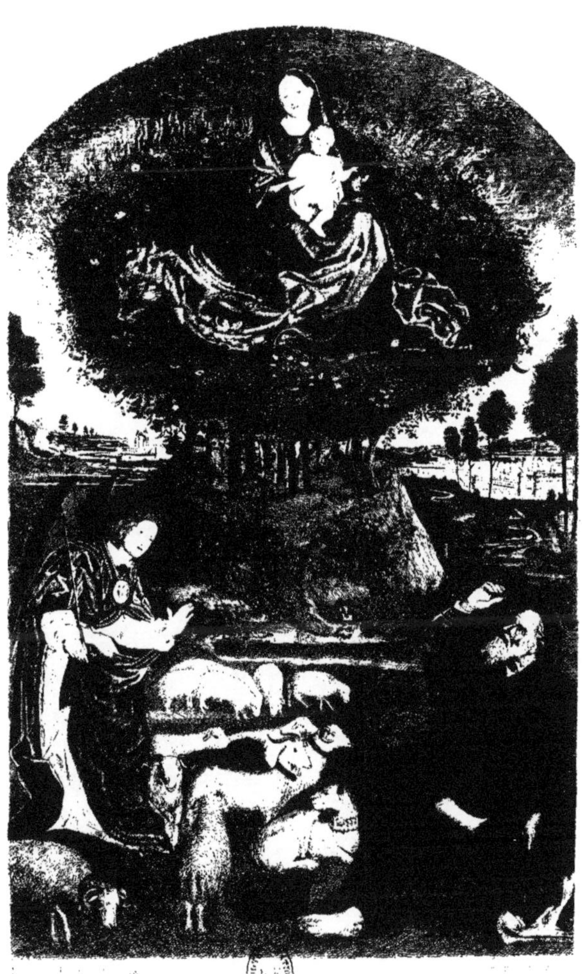

LE BUISSON ARDENT

émules, qui, au lieu d'aller à Bruges, étaient demeurées à Anvers, à Gand,
à Bruxelles, à Paris, à Beaune, à Londres, à Madrid, à Berlin, à Munich,
à Francfort, à Dresde, à Vienne, etc., etc.

Mais, les primitifs français? Hélas! la situation change. Au Louvre
même, combien la salle qui leur est consacrée fait modeste figure, par
comparaison avec la Galerie des Sept mètres où règnent les plus anciennes
productions de l'art italien! Parcourez toute la France, ses églises, ses
musées, à la recherche de tableaux sur bois ou sur toile, ou peints sur
mur, qui aient été exécutés dans notre pays avant 1530 environ. Certes,
d'exquises jouissances vous seront réservées. Mais, reconnaissons-le franchement, combien ces jouissances s'offriront trop rarement à vous! Bien
peu nombreuses seront les localités qui pourront vous montrer ne fût-ce
même qu'un seul vraiment beau primitif français.

Devant une pareille indigence, nous concevons parfaitement que des
doutes se soient élevés, que des critiques d'une haute autorité aient pu être
tentés de nier presque qu'il ait jamais existé en France, avant les portraitistes du xvie siècle et leur contemporain Jean Cousin, des maîtres capables
de s'élever jusqu'à la grande peinture.

Mais cette indigence a-t-elle toujours existé? Faut-il conclure de ce que
nous constatons aujourd'hui relativement à ce qui a pu être autrefois? Il est
une école de peinture dont tous les originaux ont disparu, sans exception.
Je veux parler de l'antiquité grecque. Pas le plus petit morceau de fresque
ni de tableau n'est parvenu jusqu'à nous sorti du pinceau de Polygnote,
d'Apelle ou de Zeuxis, et cependant ces maîtres ont conservé leur gloire.
Il a suffi qu'il ait survécu des textes nous parlant de ces peintres grecs,
pour que nous admettions, non seulement leur existence, mais l'importance du rôle qu'ils ont joué dans l'histoire de l'art. Nous devons donc
aussi légitimement, pour la question des primitifs français, ne pas nous
en tenir à ce que nous voyons de nos yeux, mais interroger également les
sources écrites.

Malheureusement, sur ce point encore, les conditions sont tout à fait
défavorables. Aux époques anciennes, le peuple de France, la collectivité
de nos ancêtres, confessons-le, a fait trop peu d'attention aux grands
artistes qui travaillaient à son profit. Ceux-ci ont passé leur vie dans
une obscurité que le temps a achevé bientôt de rendre impénétrable.

Nous en avons la preuve frappante pour deux branches d'art dont la splendeur du développement dans notre patrie n'est pas niable, parce que, cette fois, les productions ont subsisté, l'architecture et la sculpture. Comparez avec l'Italie! Au sud des Alpes, depuis le xiiie siècle, presque pas un monument important dont l'architecte ne se trouve désigné, d'après l'histoire ou la tradition. Pour les sculptures, il y a jusqu'à des œuvres bien médiocres, pour ne pas dire plus, dont les auteurs peuvent être indiqués avec certitude. Parfois les noms des artistes, non seulement sont familiers aux connaisseurs, mais encore ont conservé une réelle popularité. En France, au contraire, pour beaucoup de nos plus belles églises, qui peut redire comment s'appelait l'architecte ? Qui peut aussi nommer ces maîtres de génie qui ont taillé dans la pierre les merveilleuses statues que nous admirons à Reims ou à Amiens ?

Dans le domaine de la peinture, les conditions sont identiques. Au xive siècle, il s'est trouvé un chroniqueur, Froissart, pour citer une fois un artiste illustre de son temps, André Beauneveu, qui maniait le pinceau du peintre concurremment avec le ciseau du sculpteur. Mais c'est vraisemblablement parce que Beauneveu était son compatriote, né comme lui à Valenciennes, que Froissart a fait cette exception en sa faveur. Au xve siècle, lorsque Guillebert de Metz veut donner une idée de l'extraordinaire éclat de Paris au début du siècle, et qu'il passe en revue les gens de talent qui brillaient alors dans la capitale de la France, il nomme des savants, des médecins, des musiciens : « Guillemin Dancel et Perrin de Sens, souverains harpeurs; Crescecques, joueur à la rebec; Chynenudy, le bon corneur à la turelurette et aux fleutes; Bacon, qui jouait chançons, sur la siphonie, et tragedies » ; il énumère encore des calligraphes, un polisseur de diamants, un orfèvre, un bronzier; mais, en fait d'artistes proprement dits, il se borne à mentionner « les trois frères enlumineurs et autres d'engigneux mestiers[1] ». Dans « les trois frères enlumineurs », l'érudition moderne a pu reconnaître des maîtres de premier ordre, Pol de Limbourg et ses frères, dont les *Très riches Heures du duc de Berry* nous ont, à Chantilly, conservé des chefs-d'œuvre; mais à qui faisait allusion Guillebert de Metz en parlant de ces « autres d'ingénieux métiers » ? Impossible de le préciser.

1. Guillebert de Metz. *Description de Paris sous Charles VI*, dans Le Roulx de Lincy, *Paris et ses historiens aux XIVe et XVe siècles* (Collection de l'Histoire générale de Paris), p. 233.

Et l'indifférence des lettrés, comme du public, se prolonge en France
à travers les âges. Dès le xvi⁰ siècle, l'Italie d'une part, les régions situées
au nord de la France de l'autre, ont eu la bonne fortune de posséder des
artistes qui aimaient à écrire, un Vasari, un Carel van Mander. Ceux-ci se
sont faits les historiens de la peinture dans leur pays, consultant les sources,
recueillant les traditions transmises par leurs devanciers. En France, nous
n'avons rien eu de pareil. Pour toute la période antérieure au milieu du
xvi⁰ siècle, c'est à peine si nous pouvons recueillir quelques vagues témoignages d'ordre littéraire, se présentant le plus souvent sous une forme
bien écourtée, bien peu précise, et mêlant même les indications sans
distinguer entre les pays d'origine des artistes.

On arrive encore assez aisément à faire la part réciproque des peintres
français et des peintres flamands, dans les vers de Jean Lemaire, dans la
Couronne margaritique :

> Car l'un d'iceux estoit maistre *Roger*
> L'autre *Fouquet*, en qui tout loz s'employe.
>
> *Hugues de Gand*, qui tant eut les tretz netz,
> Y fut aussi, et *Dieric de Louvain*,
> Avec le roy des peintres *Johannes*.
> Duquels les faits parfaits et mignonnetz,
> Ne tomberont jamais en oubli vain ;
> Ne, si je fusse un peu bon escripvain,
> De *Marmion*, prince d'enluminure.
>
> . . . .
>
> Il y survint de Bruges maistre *Hans*,
> Et de Francfort maistre *Hugues Martin*,
> Tous deux ouvriers tres clers et triomphans :
> Puis, de peinture autres nobles enfans,
> D'Amyens *Nicole*, ayant bruit argentin,
> Et de Tournay, plein d'engin celestin.
> Maistre *Loys*, dont tant discret fut l'œil :
> Et cil, qu'on prise au soir et au matin,
> Faisans patrons, *Baudoyn de Bailleul*.
>
> Encore y fut *Jacques Lombard* de Mons
> Accompagné du bon *Liévin* d'Anvers.

Mais quel mélange de noms français, allemands, italiens, disons le mot,

quel véritable casse-tête que le passage, souvent cité, de Jean Pelerin dit
le Viateur, qui est conçu en ces termes :

> O bons amis, trespassez et vivens,
> Grans esperiz zeusins, apelliens [1],
> Decorans France, Almaigne, Italie :
> *Geffelin, Paoul,* et *Martin de Pavye,*
> *Berthelemi, Fouquet, Poyet, Copin,*
> *André Montaigne* et *d'Amyens Colin,*
> *Le Pelusin, Hans Fris,* et *Leonard,*
> *Hugues, Lucas, Luc, Albert* et *Benard,*
> *Jean Jolis, Hans Grun,* et *Gabriel*
> *Vuastele, Urbain,* et *l'ange Micael,*
> *Symon du Mans ;* dyamans, margarites [2],
> Rubis, saphirs, smaragdes [3], crisolites,
> . . . .
> Plus précieux vous tiens que tels joyaux [4].

Le huitième vers notamment, qui en dix syllabes donne cinq noms
différents, ne semble-t-il pas composé vraiment pour le désespoir des
commentateurs !

Quelques écrivains du xvie siècle sont un peu plus explicites. Geoffroy
Tory, par exemple, nous parle un peu mieux de *Simon du Mans,* de son
vrai nom Simon Hayeneufve. Mais on aura beau réunir, comme en une
sorte de petit *corpus,* tous les renseignements littéraires concernant les
plus vieux maîtres français, on n'aura jamais qu'une somme très minime
d'indications, hors de toute proportion avec ce que fournit un Van Mander
pour les Pays-Bas et surtout un Vasari pour l'Italie. Il arrive même, dans
certains cas, que les étrangers nous renseignent autant, sinon mieux, que
nos nationaux. Jean Lemaire, que je citais tout à l'heure, est un écrivain
que la Belgique moderne pourrait réclamer comme un des siens. Et pour
notre Jean Fouquet, les Italiens, depuis Filarete jusqu'à Vasari, ne se sont
pas montrés peut-être moins attentifs à ses mérites, que les compatriotes
propres du peintre, les Tourangeaux.

Serons-nous enfin plus heureux en abordant un autre ordre de témoi-

1. Imitateurs de Zeuxis et d'Apelle, c'est-à-dire peintres.
2. Perles.
3. Emeraudes.
4. Voir, sur ces vers. Anatole de Montaiglon, *Notice historique et bibliographique sur Jean
Pelerin dit le Viateur.* Paris, librairie Tross, 1861, in-8°. p. 59 et suiv.

gnages écrits, les documents d'archives, pièces de comptabilité, mande-
ments, ordonnances, etc.? Non ! même sur ce terrain, l'infériorité relative
persiste, au détriment de la France.

Pour nos rois, si grands protecteurs des arts, il semble que la mauvaise

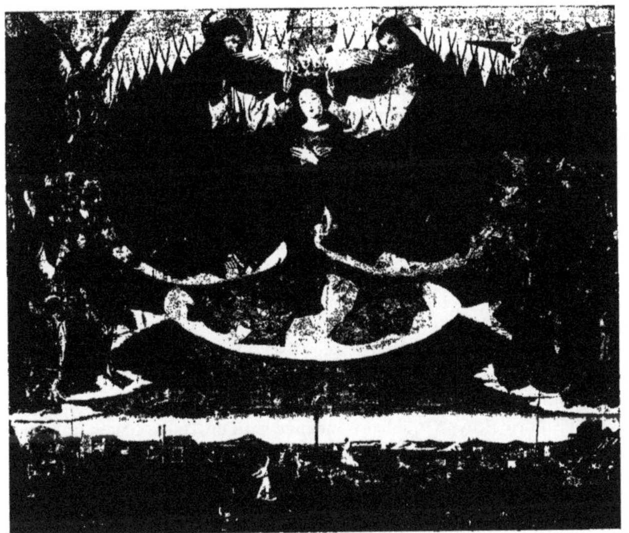

ENGUERRAND CHARONTON. — LA GLORIFICATION DE LA VIERGE
(Hospice de Villeneuve-lès-Avignon).

chance se soit acharnée à détruire ou à dilapider ce qui pourrait nous
renseigner le mieux, les archives de leur Chambre des Comptes. Ces
archives ont été ravagées par un déplorable incendie, en 1737. Des pièces
furent toutefois épargnées par les flammes. Mais, pour celles-ci, survirent
l'incurie et jusqu'à la destruction systématique par l'affectation des par-
chemins originaux aux emplois les plus funestes. Le marquis de Laborde
a raconté en quel endroit il avait pu retrouver quelques fragments des

3

comptes des rois de France. Ce fut dans de vieilles gargousses d'artillerie oubliées dans des coins d'arsenaux. Or, combien de ces gargousses, constituées de la même façon, avaient été utilisées dans les guerres de la République et du premier Empire, dispersant au vent, sur les champs de bataille de toute l'Europe, les plus précieux trésors de renseignements, à jamais évanouis en fumée ! L'incendie encore a fait disparaître une très grande part des archives du prince qui compte au premier rang parmi les amateurs du moyen âge, le fameux duc Jean de Berry. Même dans les séries qui ont été relativement moins éprouvées, dans les comptes ou pièces comptables émanant des ducs de Bourgogne ou des ducs d'Orléans, que de lacunes considérables nous constatons, que de pertes sans remèdes nous avons à déplorer !

C'est miracle, dans certains cas, que nous sachions encore ce que nous savons. Il s'en est fallu de deux lignes d'écriture que toutes les œuvres de Jean Fouquet aient été condamnées à rester pour nous des productions anonymes. En effet, si nous avons un point de départ qui permette à la critique de déterminer ces œuvres par la connaissance de la manière de leur auteur, c'est parce que le secrétaire d'un duc de Bourbon, François Robertet, a eu l'idée de noter, à la fin d'un manuscrit de *Josèphe*, que certaines miniatures de ce volume étaient « de la main du bon paintre et enlumineur du roy Loys XIe, Jehan Foucquet, natif de Tours ». Mais Robertet n'aurait pas écrit sa note, ou le volume qui porte celle-ci aurait disparu, que le nom de Jean Fouquet ne nous dirait pas plus aujourd'hui que le nom de tel autre peintre de ses contemporains, un Conrad de Vulcop, un Jacques de Litemont, un Colin d'Amiens, dont le talent est impossible à apprécier, parce qu'on ne connait rien d'eux.

Le lecteur voit où nous aboutissons. Tout, successivement, se tourne contre celui qui veut étudier la question des « primitifs français » : nombre extraordinairement réduit des œuvres de grande peinture, des tableaux proprement dits, silence presque complet des écrivains, disparition, dans une effrayante proportion, des documents contemporains.

Et cependant, si terribles qu'aient été les ravages du temps, des éléments et des hommes, il a persisté, malgré le passage de la tourmente, des indices qui viendront plaider éloquemment en faveur de la vitalité de l'art de la peinture en France au XIVe et au XVe siècle. Toutes mutilées

qu'elles soient, les archives parlent encore quand on sait les interroger comme
un marquis de Laborde, un Léopold Delisle, un Jules Guiffrey, un de Cham-
peaux, un abbé Re-
quin, un Henri Bou-
chot, un Bernard Prost,
un Ernest Petit. A dé-
faut des originaux, il
reste quelquefois des
extraits, des copies,
qui, tout en laissant
deviner l'étendue de ce
que nous avons perdu,
nous en conservent au
moins quelques débris.
De ces reliques, trop
réduites en nombre, du
passé glorieux, les
mentions sortent en
foule. Fréquemment,
il y est parlé de tra-
vaux de peinture, de
grandes décorations
d'édifices, de tableaux
importants. Des noms
se dégagent, qui ont
été ceux de peintres
hautement appréciés
en leur temps, recher-
chés, patronnés, pour-
vus de commandes par

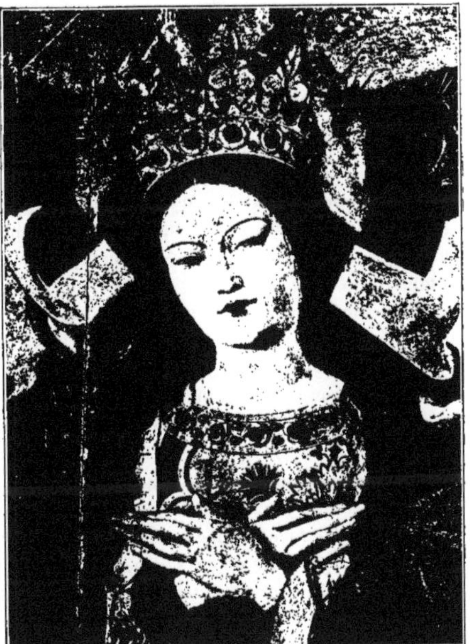

ENGUERRAND CHARONTON.
LA GLORIFICATION DE LA VIERGE
(détail).

les rois, les princes, les autorités municipales des cités. Que serait-ce si,
au lieu de quelques restes épars seulement, nous avions dans son entier
toute la série des documents, les comptes, les quittances, déroulant d'année
en année l'histoire du mouvement intellectuel dans notre pays ! De ce qui
a subsisté, nous avons le droit de conclure que, comme l'architecture et

la sculpture, la peinture aussi a joué un rôle actif en France au moyen âge, depuis le XIVᵉ siècle jusqu'au premier tiers du XVIᵉ siècle.

Mais si nos ancêtres ont vu tant créer pour eux et près d'eux, pourquoi nous reste-t-il si peu de chose comme œuvres existant encore? L'histoire se laisse deviner, et bien lamentable. Il semblerait qu'il y ait dans l'instinct de notre race, avec de merveilleuses qualités, un principe pervers qui porte à l'amour de la destruction. Au Salon de 1800, un architecte en vue, d'ailleurs bon professeur, et qui mourut inspecteur général des bâtiments civils, Louis-François Petit-Radel, voulant conquérir les suffrages, exposa le plan explicatif d'un moyen « pour faire écrouler et détruire une *église gothique* », procédé rapide, facile, par lequel, disait-il avec satisfaction, « tout l'édifice croule sur lui-même en moins de dix minutes » ! De pareilles tendances ont-elles été une exception? On sait trop bien que non. Combien, en France, les causes de disparition ont été nombreuses et variées ! Que de pertes incommensurables, par exemple, ont causé dans notre pays les passions politiques ! Déjà, au début du XVᵉ siècle, ce sont les bandes parisiennes du parti des bouchers, s'en allant brûler, avec le château de Bicêtre, une collection de peintures, réputée alors une des plus précieuses du monde. Et les protestants du XVIᵉ siècle, à quelles fureurs iconoclastes les a entraînés leur haine des prétendus signes d'idolâtrie ! Oserons-nous même flétrir bien haut ces vandalismes, nous qui, malgré le progrès des lumières et le calme public, en dépit de tant d'efforts généreux, tels que les éloquents appels d'un André Hallays, voyons se continuer sous nos yeux la série de ces sauvageries destructives que rien n'excuse?

Et, à côté de ceux qui détruisaient pour détruire, n'y a-t-il pas eu aussi ceux, non moins dangereux peut-être, qui ont détruit pour refaire, dans la pensée de produire mieux que leurs devanciers ? Qui saura jamais tout le mal qu'ont pu causer, avec les meilleures intentions et dans l'ignorance absolue de leurs méfaits, au XVIIᵉ et au XVIIIᵉ siècle, les rois, les princes, les grands, ne voulant plus que des résidences à la mode du jour, les prélats rêvant, dans leurs vieilles cathédrales enluminées au cours des siècles, des blanches et froides nudités de l'église Saint-Roch et de la chapelle du château de Versailles !

Pour les grandes peintures murales, les faits sont aisés à mettre en évidence. Au XIVᵉ siècle et dans les premières années du XVᵉ, il y a eu en

France d'une part, en Italie de l'autre, des édifices qui ont reçu, durant la même période, une décoration picturale très importante. En France, l'hôtel

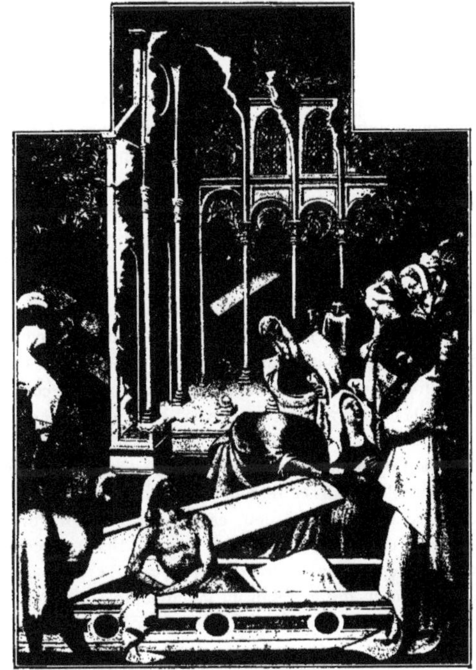

POL DE LIMBOURG ET SES FRÈRES.
LA RÉSURRECTION DE LAZARE
(Miniature des *Très riches Heures du duc de Berry*. — Musée Condé, à Chantilly).

Saint-Pol, le vieux Louvre de Charles V, l'hôtel de Savoisi à Paris, le château de Bicêtre, et celui du Vaudreuil en Normandie. En Italie, le palais public de Sienne, le Campo Santo de Pise, la chapelle des Espagnols à Santa Maria Novella de Florence, l'église de l'Incoronata à Naples. Or, que constatons-nous aujourd'hui ? En Italie, il nous est loisible de contempler encore, au moins dans leurs grandes lignes, les fresques du palais de Sienne, du Campo Santo de Pise, de la chapelle des Espagnols et de l'Incoronata de Naples. En France, que reste-t-il, je ne dis pas des peintures, mais seulement des murs de l'hôtel Saint-Pol, du vieux Louvre, de l'hôtel de Savoisi, des châteaux de Bicêtre et du Vaudreuil ? Suivant l'expression du poète latin, leurs ruines mêmes ont péri : *Etiam periere ruinæ*. L'Italie a gardé ses monuments en les respectant. La France a détruit les siens, ou, quand elle ne les a pas détruits, elle les a modernisés, grattés, passés au badigeon ou au racloir. Tout est là !

Pour les tableaux proprement dits, mêmes conditions désastreuses en France. Une construction, une sculpture, se défendent un peu par elles-mêmes. Mais une peinture sur toile ou sur panneau ? Il suffira, pour qu'elle périsse, qu'on l'abandonne sans soin à l'action du temps, à l'humidité, à la pourriture, aux vers rongeant le bois. Or, durant deux ou trois siècles, qui daignait faire attention aux œuvres des vieux maîtres français ? Gaignières en avait formé toute une collection. Il donne sa collection au roi Louis XIV, en 1711. La voilà donc sauvée ! Nullement. La plupart des précieux morceaux réunis par Gaignières sont rejetés, dilapidés, aliénés même. En 1717, la Couronne les fait vendre presque tous aux enchères pour des prix misérables. Dans cette vente, un portrait de Charles VII et un portrait de la reine Marie d'Anjou, ce dernier peut-être une œuvre de Fouquet, suivant une hypothèse émise par M. Henri Bouchot, sont adjugés, tous deux ensemble, à *trois livres quatorze sous*. Au milieu du xviii⁰ siècle, il y a encore à Melun un monument de premier ordre, le diptyque de Jean Fouquet avec la Vierge sur un des panneaux et, sur l'autre, le portrait d'Étienne Chevalier en prière, le tout entouré de ce cadre orné d'émaux que M. Paul Le Prieur a si ingénieusement étudié dans la *Revue de l'art ancien et moderne*[1]. Le roi Henri IV, dit-on, avait voulu jadis en donner 10.000 livres. Mais, sous Louis XV, on vient de voir ce que se vendaient des tableaux du xv⁰ siècle. Très vraisemblablement, il eût suffi du plus léger effort pour que la possession du diptyque de Melun fût assurée pour l'avenir à un de nos musées français. Nul n'y a songé. Si bien que, tandis

1. Voir la *Revue* du 10 août 1897, t. II, p. 25.

que le cadre à émaux disparaissait, la Vierge s'est trouvée un jour exilée
à Anvers, et Berlin est devenu finalement l'asile de l'Étienne Chevalier. Le

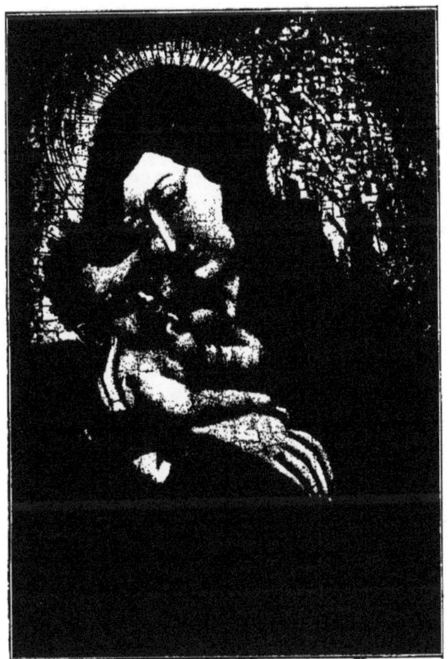

xixe siècle n'a guère été plus clairvoyant. C'est pour ainsi dire par hasard,
comme documents historiques rentrant dans le programme du musée de
Versailles, et nullement pour leur valeur d'art insoupçonnée, que l'État a
acquis les portraits de Juvénal des Ursins et de Charles VII. Plus tard,
la chance a voulu qu'il se soit rencontré des donateurs aussi éclairés

et libéraux que MM. Reiset et Jules Maciet ; sans eux, le Louvre n'aurait
pas les tableaux du xv⁰ siècle provenant de la chapelle des ducs de Bourgogne. J'ai déjà dit un mot, aussi, de l'accueil plus que froid qu'ont reçu
ceux qui ont essayé d'attirer l'attention des pouvoirs publics sur l'immi-
nence de la vente, à Francfort, des Fouquet de M. Brentano. Le duc
d'Aumale se trouva là, par bonheur. Grâce à lui, les « Quarante Fouquet » de
Chantilly reprirent le chemin de leur patrie et furent assurés à la France.
Mais le grand portrait d'Étienne Chevalier, on le sait, ne les suivit pas.

Dans de pareilles conditions générales, avec des centaines d'années de
destructions violentes ou raisonnées, d'abandon, de mépris, est-il sur-
prenant que nos pauvres primitifs français n'aient pas résisté à tant de
coups combinés ? Ce serait plutôt le contraire qui pourrait étonner.

Du grand naufrage de la vieille peinture de France, il n'a surnagé que
quelques épaves. Voilà le fait à constater, et qu'il ne fallait pas oublier
en parcourant les salles de l'Exposition des Primitifs français. Les œuvres
qui s'y trouvaient groupées, grâce à l'initiative de M. Henri Bouchot,
ne devaient pas seulement être étudiées en elles-mêmes; elles étaient
aussi pour nous les rares témoins subsistants de tout un ensemble ayant
été jadis infiniment plus considérable.

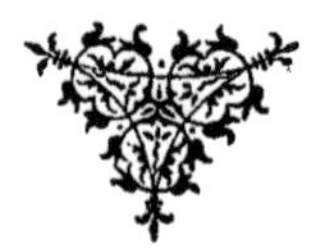

ÉCOLE FRANÇAISE DU XVe SIÈCLE. LA VIERGE DANS UNE GLOIRE,
ENTRE SAINT PIERRE DE BOURBON DUC DE BOURBON ET SAINTE ANNE DE FRANCE

E lecteur vient de voir comment et pour quelles causes, sur la très grande quantité de peintures créées en France avant le milieu du XVI° siècle, une énorme proportion doit fatalement avoir disparu aujourd'hui. Mais si notre pénurie, en ce qui concerne ces peintures, s'explique trop aisément, n'est-il pas à craindre que, faute d'un nombre suffisant de monuments à consulter, nous ne soyons réduits à des notions trop fragmentaires. Sans doute, on comprendra que des monographies puissent être tentées pour chaque œuvre ayant survécu. Mais sera-t-il jamais possible de retrouver les grandes lignes, d'arriver à reconstituer d'une façon suivie, après des siècles de mépris, d'abandon et d'ignorance, les pages mutilées de ce chapitre, que nous voudrions pouvoir lire, des annales de l'art dans notre pays ?

Avant de nous aventurer sur ce terrain si peu connu, il est utile de le sonder en quelque sorte. Nous avons à nous enquérir s'il s'y trouve, émergeant de place en place, des points d'appui assez solides pour nous permettre d'établir quelques bases stables.

Des noms, des dates, des indications de travaux ayant jadis été commandés et exécutés, les documents, quoique beaucoup trop réduits pour nos justes désirs de savoir, nous en donnent cependant encore un certain nombre. Ces renseignements historiques, nul plus que moi n'en apprécie la valeur. Mais ce n'est là qu'un des éléments de la question, et j'ose dire un élément qui ne peut nous satisfaire pleinement. Tel maître, nous dira un document, qui s'appelait de tel nom, a peint en telle année, dans telle ville, un tableau représentant tel sujet. La constatation du fait offrira toujours de l'intérêt. Mais si l'œuvre a totalement disparu, s'il est impossible de savoir quel était son mérite, dans quel esprit elle avait été conçue, de quel caractère elle était marquée, quelles tendances se révélaient chez son auteur, nous n'aurons dans l'indication recueillie, si l'on veut me permettre la comparaison, qu'un squelette auquel manquera ce qui fait la vie. Avant tout, il faut se préoccuper de retrouver des témoignages matériels du talent des vieux maîtres, c'est-à-dire des morceaux de peinture sortis de leurs pinceaux et susceptibles d'être étudiés *de visu*.

Ces témoignages, l'Exposition des Primitifs français a contribué à prouver qu'il en subsiste heureusement encore, malgré tout, et plus peut-être qu'on n'eût osé l'espérer. Ils sont même d'ordre assez varié pour nous renseigner sur plusieurs des genres de production qui furent particulièrement aimés de nos aïeux.

A dater du xive siècle, la mode se répand chez les rois de France et les princes du sang, et jusque chez les particuliers, de recueillir des portraits, portraits de famille ou portraits de personnages en vue, tels par exemple que les papes et les cardinaux. Un de ces portraits, celui du roi Jean, nous est parvenu dans un original célèbre que possède la Bibliothèque Nationale et sur lequel nous reviendrons.

A la même époque, on se plaît à avoir dans sa demeure des tableaux de dévotion, de proportions restreintes, soit en un seul morceau, soit en deux ou plusieurs compartiments. Certains de ces tableaux pouvaient sortir des ateliers d'Avignon et être l'œuvre de ces peintres italiens qui vinrent, comme Simone Memmi, chercher fortune au nord des Alpes[1]. Mais d'autres étaient dus certainement à des mains françaises. De ceux-ci, l'Exposition montrait des spécimens excellents datant du règne de Charles VI. Citons un diptyque au cadre très ouvragé, provenant de la collection Carrand, envoyé par le Musée du Bargello de Florence, une *Mise au tombeau*, du musée du Louvre, une *Pietà* du musée de Troyes, détériorée, mais d'une exécution très fine, enfin un charmant petit *Buste de Madone*, prêté par M. Édouard Aynard, se rapprochant beaucoup par le style, suivant une très juste observation de M. Georges Hulin, des volets de

---

1. C'est peut-être dans cette catégorie qu'il conviendrait de ranger certaines peintures prêtées à l'Exposition par Mme Lippmann et M. Édouard Aynard (P. M., n°s 5, 6 et 7).

retable, peints par Melchior Broederlam, qui sont au Musée de Dijon
(P. M., n°⁵ 339, 4, 14 et 13).

Les documents parlent encore de tableaux religieux portatifs, espèces

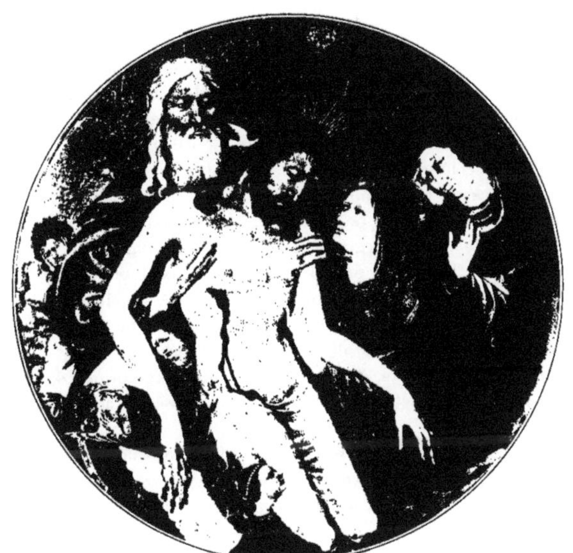

ÉPOQUE DE JEAN MALOUEL.
TABLEAU PORTATIF DES DUCS DE BOURGOGNE
Musée du Louvre.

d'oratoires de voyage, auxquels on donnait parfois une forme ronde, de
manière à pouvoir les glisser dans des étuis de cuir, pour que leurs pos-
sesseurs pussent les emporter plus facilement dans leurs déplacements.
Le Louvre a pu exposer (P. M., n° 15) un de ces tableaux portatifs circu-
laires, dont nous donnons la reproduction, *le Christ mort soutenu par la
Vierge*, qui a été fait pour un des ducs de Bourgogne, Philippe le Hardi ou

Jean sans Peur. Avant que le tableau n'entrât au Louvre, on voyait encore, paraît-il, sur ses bords, qui depuis ont malheureusement été restaurés, les traces de l'usure produite par le frottement contre le cuir de l'étui où on le renfermait.

Les peintres de France, ainsi que le prouvent des textes multiples, avaient aussi à exécuter des œuvres plus importantes comme dimensions, destinées à être placées dans des églises ou des chapelles, des tableaux votifs, des retables entiers, ou des volets de ces retables, quand le centre en était occupé par un travail de sculpture ou d'orfèvrerie. Le règne de Charles VI vit éclore ainsi toute une série de belles créations, dont quelques-unes nous sont parvenues. Le Louvre, grâce aux dons généreux de MM. Reiset et Jules Maciet, possède deux grands panneaux provenant de la chapelle des ducs de Bourgogne à Dijon, qui ont figuré à l'Exposition (P. M., nᵒˢ 16 et 388). Nous reproduisons l'un d'eux, représentant le *Martyre de saint Denis*. A Dijon même, il est resté au Musée un retable célèbre, provenant de la Chartreuse de Champmol, dont les volets peints sont une production capitale de la fin du xivᵉ siècle.

L'auteur de ces volets, déjà cité un peu plus haut à propos de la petite *Madone* de M. Aynard, était un artiste originaire du nord, mais ayant passé par Paris.

Tandis que le xvᵉ siècle se poursuit, et encore dans les premières années du xviᵉ, l'habitude de consacrer des tableaux votifs dans des églises ou des oratoires se répand de plus en plus en France. Les donateurs s'y font peindre, eux et leurs femmes, soit sur les volets, quand il s'agit d'une peinture comprenant deux ou trois panneaux, en forme de diptyque ou de triptyque, soit dans le tableau principal, quand celui-ci n'est qu'en une seule pièce. Parfois, c'est toute une famille qui se fait représenter à genoux, en prières. Grâce à Dieu, quelques-uns de ces tableaux votifs du xvᵉ au xviᵉ siècle nous ont aussi été conservés en tout ou en partie. Nous avons deux triptyques complets, que l'Exposition a fourni l'occasion de revoir à Paris, *le Buisson ardent* d'Aix, par Nicolas Froment, dont les volets portent les effigies du roi René et de sa seconde femme Jeanne de Laval, et le retable de Moulins, donné ici en héliogravure, qui a été peint pour Pierre II, duc de Bourbon, et sa femme Anne de France, duchesse de Bourbon, plus connue sous le nom de dame de Beaujeu. Ce sont aussi des

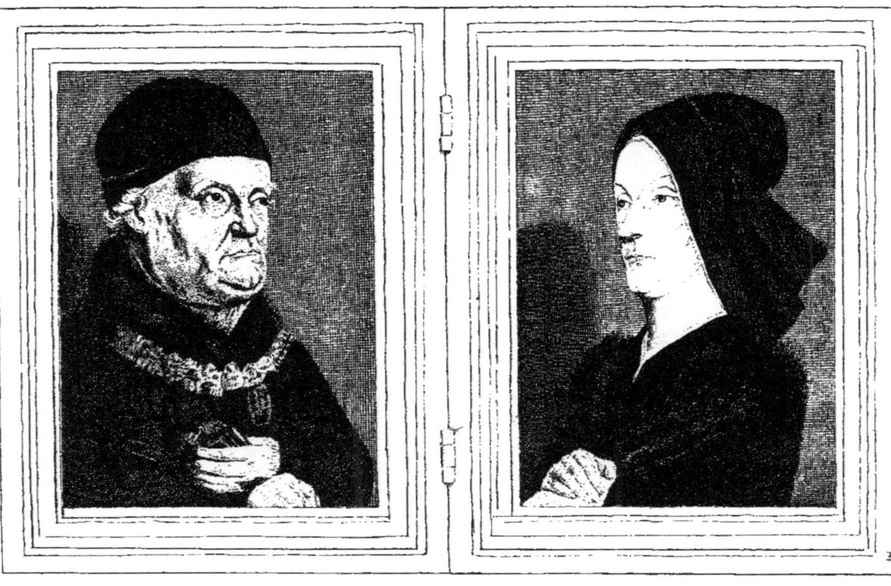

NICOLAS FROMENT(?). — PORTRAITS DU ROI RENÉ ET DE JEANNE DE LAVAL

Diptyque des Matheron. — Musée du Louvre.

volets de triptyque ou de diptyque que la *Vierge* d'Anvers, que l'*Étienne
Chevalier* de Berlin, que le *Juvénal des Ursins* du Louvre, trois œuvres
de Jean Fouquet; que des portraits, exposés par le Louvre (P. M., n°° 104,
et 105), de ce même Pierre II de Bourbon et de cette même dame de
Beaujeu que je nommais à l'instant à propos de la peinture de Moulins;
et, pour ne plus alléguer encore qu'un seul exemple, qu'un très remarquable panneau, représentant un donateur sous la protection de saint
Victor, prêté par le Musée de Glascow (P. M., n° 106). Ce dernier panneau,
déjà vu à Bruges en 1902, a jadis été attribué à Hugo van der Goes.
M. Camille Benoit l'a très justement réclamé pour l'École française. Je
crois pouvoir ajouter que, suivant toute probabilité, il nous montre, en
costume d'avoué de l'abbaye de Saint-Victor de Marseille, le neveu du
roi René, devenu même en quelque sorte son fils adoptif, Charles d'Anjou,
comte du Maine, qui fut, après la mort du roi René, comte de Provence
sous le nom de Charles III.

Comme tableaux où l'image du donateur a été introduite dans la composition principale même, nous avons pu admirer, à l'Exposition des Primitifs, deux pièces dont la mise en lumière a été une véritable révélation.
L'une est un chef-d'œuvre exquis de sentiment, une *Nativité* avec le cardinal Rollin en adoration devant l'Enfant-Jésus, attribuée au « Maitre de
Moulins », qui appartient à l'évêché d'Autun. L'autre est l'émouvante *Pietà*
de Villeneuve-lès-Avignon, peinture où se trouve une figure de donateur
digne d'être mise en parallèle avec les créations des plus grands maîtres
du xv° siècle.

Quant au type du tableau de famille réunissant dans une commune
prière des parents et tous leurs enfants, il nous a été conservé dans le
curieux panneau en forme de frise, dont les Juvenal ou Jouvenel des
Ursins avaient orné leur chapelle à Notre-Dame de Paris, et qui a passé
plus tard au Musée du Louvre.

Les effigies d'après nature n'avaient pas seulement leur place dans des
tableaux votifs. Très souvent elles se présentaient sous forme de portraits
proprement dits, abstraction faite de toute pensée religieuse. Au xv° siècle,
suivant une tradition datant déjà d'ailleurs du xiv° siècle, le portrait
jouait un grand rôle dans la vie de nos aïeux. Un roi, un prince du sang
royal cherchent-ils à se marier? Ils se font envoyer les portraits des

princesses auxquelles ils songent. Le bon roi René veut-il récompenser la
fidélité d'un serviteur dévoué, Jean de Matheron ? Il lui donne, enfermé dans

un sac de velours rouge,
son portrait, peint sur un
côté d'un petit diptyque
dont l'autre moitié porte
l'effigie de la reine Jeanne
de Laval. Et ces exem-
ples, venus de très haut,
sont imités dans les autres
classes de la société française. Plusieurs de ces
portraits du xve siècle
sont arrivés jusqu'à nous.
Nous avons, en particu-
lier, le petit diptyque du
roi René et de Jeanne de
Laval, auquel je viens de
faire allusion, dû proba-
blement au peintre Nico-
las Froment. J'ai été assez
heureux pour le faire en-
trer, en 1891, au musée du
Louvre, encore conservé
dans son vieux sac de ve-
lours rouge. A l'Exposi-
tion, indépendamment de
ce diptyque (P. M., n°79),
le genre se trouvait re-
présenté par de très pré-

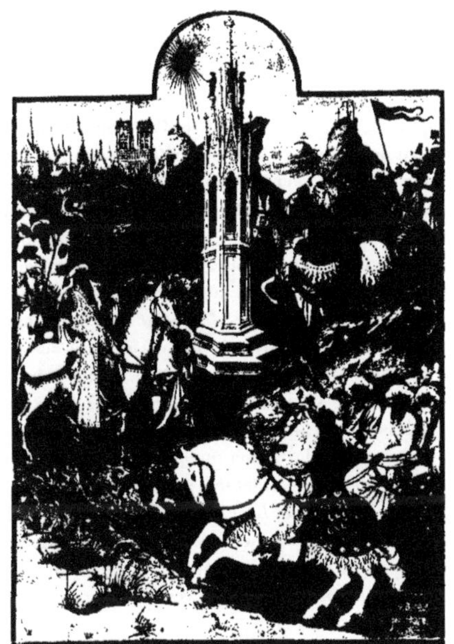

Miniature des *Très riches Heures du duc de Berry*.
(Musée Condé, à Chantilly.)

cieux morceaux, à commencer par la série des portraits inscrits au
catalogue sous le nom de Jean Fouquet.

S'il y avait des portraits d'allure profane, mondaine si l'on veut, il y
avait aussi, inversement, des tableaux religieux sans figures de donateurs,
ou du moins dans lesquels la représentation des donateurs ne jouait plus

qu'un rôle tout à fait accessoire et effacé. Les peintures de cette catégorie sont loin d'avoir toutes disparu. Grâce à d'intelligentes initiatives, plusieurs ont été assurées à l'exposition. Loches a consenti à envoyer un grand *Calvaire*, peut-être de la main même de Jean Bourdichon, en tout cas une œuvre très typique de l'école tourangelle du xvᵉ siècle. D'Avignon, est venue une image en pied, et de grandeur naturelle, de saint Siffrein, qu'il ne serait pas téméraire d'attribuer à Nicolas Froment. Villeneuve-lès-Avignon a envoyé, en même temps que la *Pietà*, le *Couronnement de la Vierge*, œuvre certaine du peintre Enguerrand Charonton.

L'étude des originaux existants nous montre que, même dans cette série des sujets sacrés, les maîtres travaillant en France faisaient assez fréquemment intervenir, par des artifices de composition, des éléments d'un intérêt qui était tout actuel pour eux et pour leurs contemporains. Dans un *Christ descendu de la Croix*, du musée du Louvre[1], provenant de l'ancienne abbaye de Saint-Germain-des-Prés, dans le fameux retable du Palais de Justice de Paris[2], le fond des peintures nous montre des vues de Paris, le vieux Louvre et les bords de la Seine, ou le grand escalier du Palais de la Cité. Ces œuvres sont du milieu ou de la seconde moitié du xvᵉ siècle. Déjà, à une époque antérieure, les miniaturistes avaient donné l'exemple de semblables procédés. Dans les merveilleuses *Très riches Heures du duc de Berry*, conservées à Chantilly, Pol de Limbourg et ses frères ont placé à l'arrière-plan d'une de leurs miniatures, peinte au plus tard en 1416, et représentant la rencontre des Rois Mages, une perspective lointaine de Paris, avec les tours de Notre-Dame et la flèche de la Sainte-Chapelle.

Nos primitifs sont encore attachants sous d'autres rapports. Il arrive parfois qu'ils nous font pénétrer dans l'intimité des Français de jadis, qu'ils nous permettent de saisir le reflet des impressions morales, de discerner des traits de caractère. La *Nativité* de l'évêché d'Autun nous montre, à côté d'un cardinal, des gens appartenant aux plus humbles classes, dans des figures de bergers d'un admirable réalisme. Dans des œuvres un peu plus récentes, nous faisant descendre jusqu'au premier tiers du xvɪᵉ siècle, il semble que l'on sente percer la pointe de cet esprit narquois

1. P. M., nᵒ 92.
2. P. M., nᵒ 355.

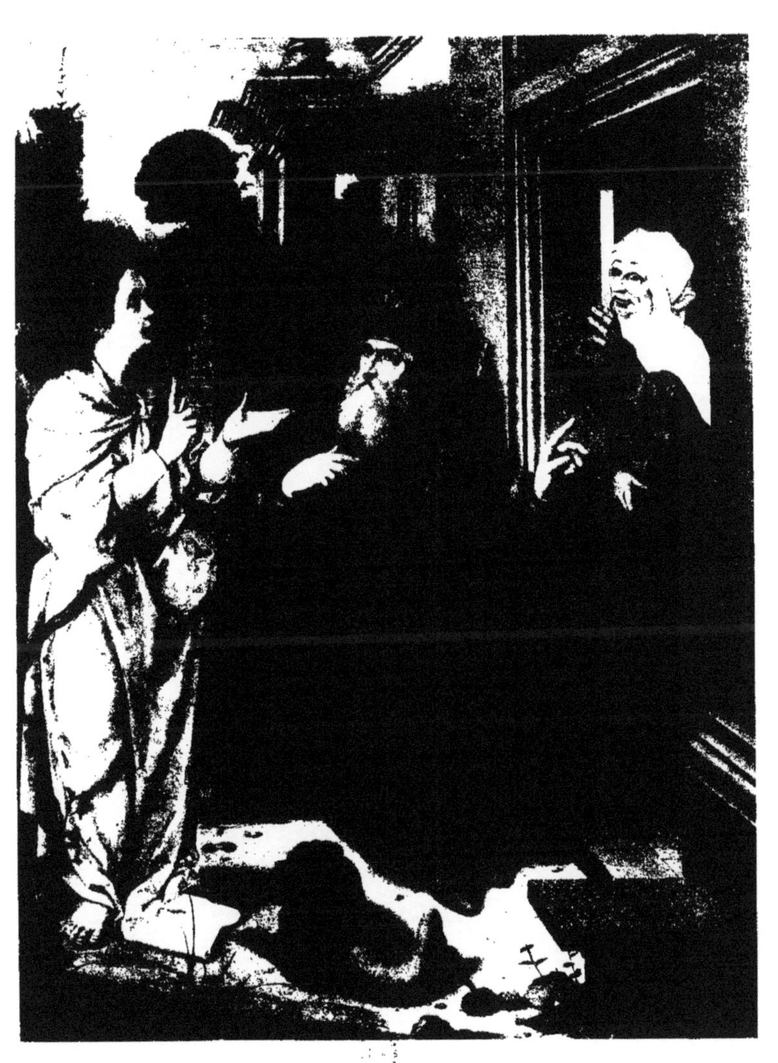

et peu respectueux, même des choses les plus vénérées, qui doit trouver son expression la plus complète en certaines pages de Rabelais. A cet égard, nous citerons le panneau d'*Abraham, Sara et l'Ange*, dont nous donnons une héliogravure (P. M., n° 136). Le sujet traité est exactement emprunté à la Bible : «Un ange dit à Abraham : Sara, votre femme, aura un fils. Ayant entendu cette parole, Sara se mit à rire derrière la porte... Ils étaient, en effet, vieux l'un et l'autre, et avancés en âge... Elle rit donc secrètement, disant : Après que j'ai vieilli et que mon seigneur est vieux aussi, ferais-je comme les jeunes femmes?» (*Genèse*. XVIII, 10-12). Dans le tableau, que le rapprochement avec des miniatures à provenances et dates certaines autorise à considérer comme une œuvre peinte au cœur de la France, autour de la cour des Valois, vers 1515 environ, le peintre a cherché à donner à son Abraham l'apparence la plus majestueuse. Mais le geste du patriarche, quelle malicieuse intention a dû l'inspirer! Ne dirait-on pas que l'on suive la pensée du vieillard : « Comment ! un fils, à mon âge... et de cette vieille femme-là ! »

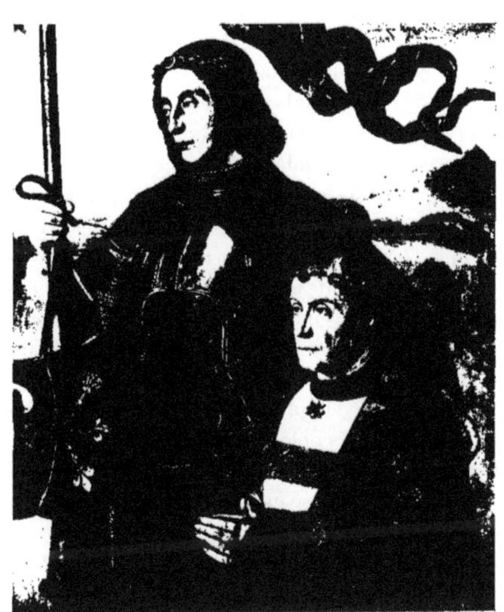

LE MAÎTRE DE MOULINS.
CHARLES III D'ANJOU-MAINE, COMTE DE PROVENCE,
NEVEU DU ROI RENÉ
(Musée de Glascow).

Cette rapide revue suffit à prouver que nous avons déjà, dans des tableaux proprement dits, toute une suite de jalons pour nous guider dans nos recherches sur les primitifs français. Encore n'ai-je parlé que d'originaux. Or, il y a d'autres peintures dont les prototypes ont péri ou sont momentanément égarés, et dont nous pouvons cependant nous rendre compte par des répliques, des copies de date plus ou moins postérieure, des dessins ou des estampes. Des œuvres de graveurs du XVIe au XVIIIe siècle, des recueils tels que ceux de Gaignières, sont à cet égard une mine très précieuse. Toutefois, après avoir proclamé hautement l'utilité de ces ressources de seconde main, j'ajoute qu'au point de vue où nous nous plaçons, c'est-à-dire le côté d'art pur, il faut en user avec prudence et discernement. Les graveurs, les copistes relativement récents, et, par exemple, ceux employés par Gaignières, ne se sont piqués que de reproduire les linéaments généraux des œuvres; ils n'ont nullement cherché à en pénétrer et à en rendre le caractère intime, encore moins les particularités de facture. Aux traductions qui ont été exécutées d'après des originaux du moyen âge français ou du début de la Renaissance, on aurait souvent trop de raisons d'appliquer le dicton italien : *Traduttore, traditore*. Ainsi nous avons une copie faite pour Gaignières d'un portrait de la reine Marie d'Anjou[1]. M. Bouchot suppose que l'original pouvait être de Jean Fouquet. L'hypothèse est très séduisante. Mais qu'est devenu cet original dans l'interprétation donnée par le copiste de Gaignières ? Une vraie caricature. Il ne faudrait évidemment pas vouloir apprécier ce que pouvait être le mérite de la peinture du XVe siècle d'après cette copie qui tourne presque à la charge.

Et puisque je touche à des règles de critique générale, je veux signaler encore, en passant, un autre danger contre lequel il faut se mettre en garde. Ce sont les faux, les peintures données comme étant du XVe ou du XVIe siècle, et qui sont simplement du XIXe, presque du XXe. Chose curieuse, malgré le peu de crédit dont jouissaient, il y a peu de temps encore, les productions de notre plus vieille école, les faux primitifs français sont relativement nombreux à courir le monde. Et, naturellement, les faussaires se sont donné pleine carrière. Empruntant leurs éléments de-ci de-là, s'aidant généralement des planches des grands ouvrages publiés sur le moyen

---

1. Voir la reproduction de cette copie dans la *Revue de l'art ancien et moderne* du 10 janvier 1903, t. XIII, p. 9.

âge par les Willemin, les Achille Jubinal, les Louandre, les Du Sommerard, les Paul Lacroix, les Séré, ou même plus simplement des

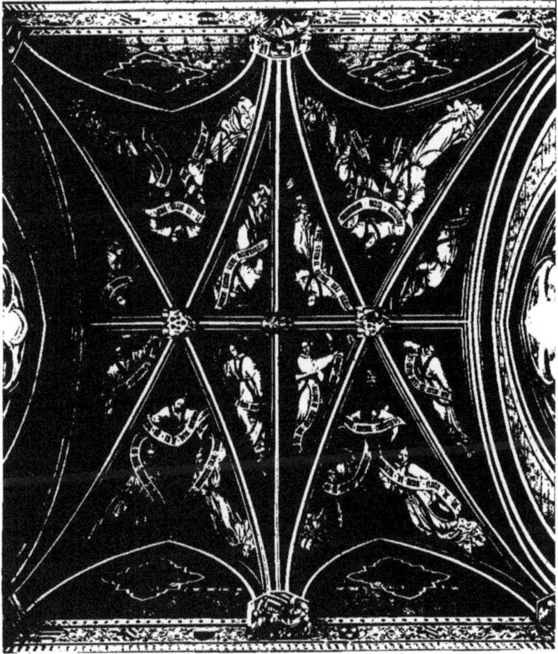

ÉCOLE FRANÇAISE.
PEINTURE D'UNE VOÛTE DE CHAPELLE, EXÉCUTÉE POUR JACQUES CŒUR
(Hôtel de Jacques Cœur, à Bourges).

livres d'étrennes illustrés parus chez les Hachette et les Didot, combinant à leur gré les figures et les accessoires que leur ont fournis d'habiles démarquages, ils arrivent à produire de faux primitifs, qui peuvent paraître à des yeux naïfs beaucoup plus curieux ou plus séduisants que les vrais. Leur habileté technique est très grande. Par de patientes manœuvres, de savantes patines, en un mot toute une minutieuse « cuisine », ils arrivent à reproduire, de façon véritablement troublante, l'émail de la pâte ancienne et l'aspect des vieilles craquelures. Ils ont soin aussi d'employer de vieux panneaux de bois. Toutefois, ne vous avisez pas d'inspecter de trop près le revers de ces panneaux ; il pourrait vous arriver, comme le fait m'est advenu, d'y reconnaitre la trace de la serrure du vieux meuble dont un morceau de porte a été pris pour servir à créer le pseudo-primitif. Certains de ces faux remontent à la première moitié du XIX⁰ siècle. Leur exécution a dû coïncider avec le plein de la période romantique. Ils sont aux originaux du XV⁰ siècle ce que, dans l'ordre littéraire, le drame de *la Tour de Nesle* est aux chroniques de Froissart. D'autres paraissent sortir d'une officine qui dut fonctionner en Italie, peut-être à Sienne, il y a une trentaine d'années. Et je ne jurerais nullement que l'industrie ne se perpétuât pas encore aujourd'hui avec plein succès. J'avertis les amateurs. Méfiez-vous toujours extrèmement d'une peinture qui vous représentera des scènes historiques du XV⁰ siècle, des entrées de rois dans une ville, des fêtes ou des tournois, ou encore des effigies de femmes aux traits trop aimables, aux petites bouches trop mignonnes, aux costumes trop chamarrés d'or et trop surchargés de bijoux.

Il faut tenir compte aussi, dans la catégorie des portraits, des erreurs possibles dans l'identification des personnages. Certains portraits ont été pris pour des effigies de Français ou de Françaises — ce dont on a tiré conclusion qu'ils devaient avoir été peints en France — qui sont en réalité des portraits d'étrangers ou d'étrangères, exécutés dans de tout autres pays que le nôtre. N'oublions pas non plus qu'au XVI⁰ siècle, en dehors de France, par exemple en Italie, avec des collectionneurs comme Paolo Giovio (Paul Jove), ont été créées des galeries de portraits historiques où la France avait sa part, mais pour lesquelles on n'allait pas s'adresser à des compatriotes des modèles portraiturés. Pour représenter un sultan, on n'avait pas l'idée de chercher un peintre oriental. De même, pour peindre un roi de France, nul besoin de demander le concours d'un artiste français. Des portraits peuvent donc être ceux de personnages de notre nation, sans que, pour cela, leur auteur ait rien de commun avec l'école française.

Ainsi, parmi les effigies qui figuraient à l'Exposition, je ne serais nullement surpris qu'un portrait de profil de Louis XI[1], que Gaignières a fait copier, dont il existe des répliques en divers pays, par exemple au musée de l'Ariana près de Genève, dérivât comme prototype d'une peinture de l'école lombarde, dans le goût de de Predis ou de Bernardino de Conti, peinture peut-être inspirée elle-même d'une médaille également italienne.

Nous nous sommes attardés à envisager le côté des tableaux, c'est-à-dire des peintures mobiles, qu'elles soient sur bois, sur toile ou sur autre matière. Mais avant la Renaissance, la peinture murale, analogue aux fresques de l'Italie, a été aussi extrèmement en honneur chez nos aïeux. Les comptes nous en donnent la preuve. Ces comptes ont, par exemple, fourni à Sauval de très curieux détails sur les sujets dont on décora sous Charles V les murailles ou les voûtes de l'hôtel Saint-Paul à Paris. Un passage de Brunetto Latini, le maître de Dante, prouve même que la France devança l'Italie à cet

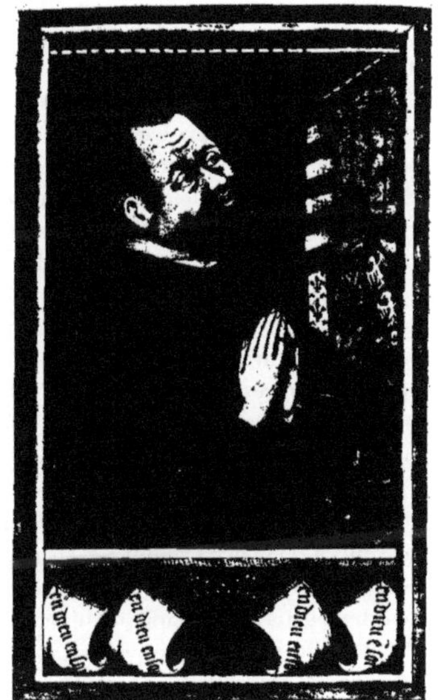

BARTHÉLEMY DE CLERC (ATTRIBUÉ A .
PORTRAIT DU ROI RENÉ ENCORE JEUNE
(Ms. latin 1156 A, f° 81, de la Bibliothèque nationale).

égard, en ce qui concerne les habitations. On connaissait en France le luxe des « maisons peintes », alors que l'Italie l'ignorait[2].

Cette partie de notre antique patrimoine d'art a malheureusement

1. P. M., n° 102.
2. Cf. Ernest Renan, *Discours sur l'état des beaux-arts en France au XIV° siècle*, dans *l'Histoire littéraire de la France*, t. XXIV, p. 668.

presque entièrement péri, pour des causes que nous avons mises en évidence dans notre premier chapitre. Cependant, même sur ce terrain, où le temps et les hommes se sont pour ainsi dire ligués afin de tout raser, il reste encore de délicates fleurs à cueillir. Mais toutes ces fleurs n'ont pas un parfum également pénétrant. Il faut tenir compte des circonstances. De tout temps et dans tous les pays, en Italie par exemple aussi bien qu'en France, il y a eu simultanément des maîtres inspirés, de vulgaires praticiens et même de vrais barbouilleurs. Or, quand vous trouvez une peinture murale dans un village éloigné des grands centres, où les ressources pécuniaires ne devaient pas être abondantes, dites-vous, si l'œuvre vous paraît faible ou même franchement mauvaise, que vous devez avoir affaire précisément à un de ces barbouilleurs, choisi, faute de mieux, parce qu'il travaillait au rabais. Une église rurale ou de petite ville n'est pas une Notre-Dame de Paris. De même, si cette église offre des échantillons de peintures sur ses murailles, il y a bien des chances pour que ces peintures ne ressemblent que de très loin aux œuvres que d'autres artistes exécutèrent à la même époque dans des milieux beaucoup plus brillants ou plus riches, par exemple à la cour de France, ou dans de grands centres comme Paris ou Tours. Nous avons d'ailleurs la preuve du fait. Beaucoup de décorations picturales, où des figures jouaient le rôle principal, furent exécutées pour des personnages occupant un haut rang par leur naissance, leurs fonctions ou leurs richesses. Une de ces décorations se trouve, par une bonne fortune unique, avoir échappé à la destruction. C'est une voûte de chapelle, commandée par le fameux Jacques Cœur, pour son hôtel de Bourges. Cette voûte, sur laquelle on voit des anges volant au ciel, est, de par son origine même, l'exemple auquel il faut se référer pour juger du niveau que pouvait atteindre la grande peinture en France, quand les conditions étaient favorables. Or, que sont ces anges volant de la chapelle de Jacques Cœur? Quelque chose d'exquis, de souple, d'aérien, et, comme l'a dit le marquis Philippe de Chennevières, « une des plus merveilleuses peintures que la France puisse opposer à l'Italie ».

Avons-nous fait l'inventaire de toutes nos ressources en parlant des tableaux et des peintures murales? Loin de là. Nos vieux artistes procédaient comme ceux de nos jours. Ils exécutaient des croquis, des esquisses, des études dessinées d'après nature. Dans ce genre, on a vu à l'Exposi-

tion des Primitifs un prodigieux dessin, un portrait d'homme, tout à fait
digne de la main d'un maître comme Jean Fouquet[1]. Au XIVe et au XVe siècle,
il y eut aussi une catégorie d'ouvrages d'art pour laquelle on atteignit une
très grande perfection, ce sont les broderies. Un bon brodeur était alors

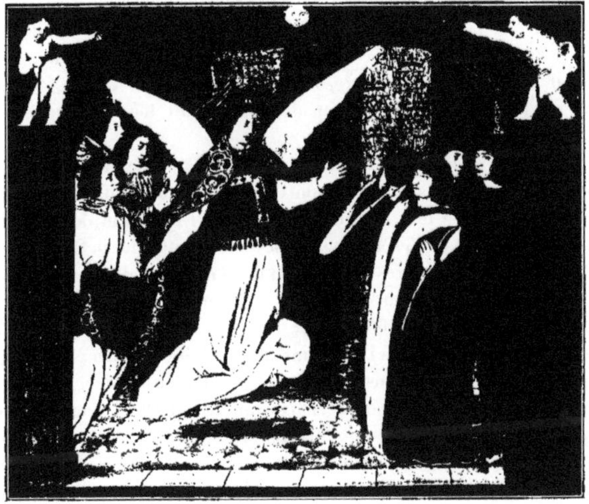

ATTRIBUABLE A JEAN PERRÉAL.
L'ARCHANGE SAINT MICHEL APPARAISSANT AU ROI CHARLES VIII
(Miniature en tête du ms. français 14363 de la Bibliothèque nationale[2].)

considéré en France presque à l'égal d'un bon peintre. Parfois, d'ailleurs,
brodeur et peintre ne faisaient qu'un. Certaines de ces broderies, telles
que la superbe croix de chasuble envoyée à l'Exposition par M. Martin
Le Roy (P. M., n° 284), offrent la plus étroite affinité avec les peintures
contemporaines. Ce sont de vrais tableaux, dans lesquels seulement l'ai-

1. La reproduction en est donnée plus loin, p. 76.
2. Sur cette miniature, voir mon étude ayant pour titre : *Un Chef-d'œuvre de la miniature française sous Charles VIII*, 1894, in-4° (Extrait de la revue *Le Manuscrit*, t. I, numéro de février 1894).

guille a joué le rôle du pinceau. On peut en rapprocher des dessins légèrement ombrés, qui étaient exécutés sur soie et dont un exemple, connu sous le nom de *Parement de Narbonne*, qui appartient au Musée du Louvre, a été justement mis en lumière comme un très précieux monument de l'art français au temps du roi Charles V. Il ne faut pas non plus oublier les tapisseries. Les cartons de celles-ci étaient très souvent demandés aux artistes les plus en vue parmi ceux qui maniaient le pinceau. Nous savons que, pour la tenture de l'*Apocalypse* de la cathédrale d'Angers, ce fut le peintre en titre de Charles V, Jean de Bondolf, dit Jean de Bruges, qui donna les modèles.

Mais il est surtout un domaine, à la fois immense et véritablement merveilleux, qui s'offre à nous, ce sont les manuscrits à miniatures, auxquels était consacrée une section spéciale de l'Exposition des Primitifs français, installée dans les bâtiments de la Bibliothèque nationale.

Tandis que les peintures proprement dites ne résistaient pas à tous les dangers qui menaçaient leur existence, les manuscrits se sont conservés en très grand nombre, abritant contre les influences dangereuses de l'humidité et de la lumière, dans l'asile paisible des bibliothèques, des milliers d'images, souvent encore dans toute leur primitive fraîcheur. Les manuscrits offrent, en outre, ce très précieux avantage que leur origine et leur date peuvent, dans bien des cas, être précisées et qu'ainsi ils nous fournissent des éléments certains pour la classification des œuvres par régions et par époques. J'ai montré, par exemple, que pour une question capitale de l'histoire de l'art, celle des débuts des Van Eyck, des indications de première importance se trouvaient offertes par quelques images du manuscrit des *Heures de Turin* [1], volume sans prix, aujourd'hui, hélas ! détruit par l'incendie.

D'ailleurs, je n'ai pas à insister, car la grande part à réserver aux miniatures dans l'art du moyen âge n'est plus discutée. Peut-être même a-t-on été porté à dépasser la mesure dans le rang assigné aux miniatures de manuscrits. Il y a, en effet, un problème très grave, que je ne puis aborder ici dans les détails et qui n'a jamais été bien discuté. C'est celui de savoir jusqu'à quel point les miniatures nous donnent réellement l'étiage

---

1. Cf. mon travail intitulé : *Les Débuts des Van Eyck*. Paris, 1903, in-4°. (Extrait de la *Gazette des Beaux-Arts*, 3° pér., t. XXIX.)

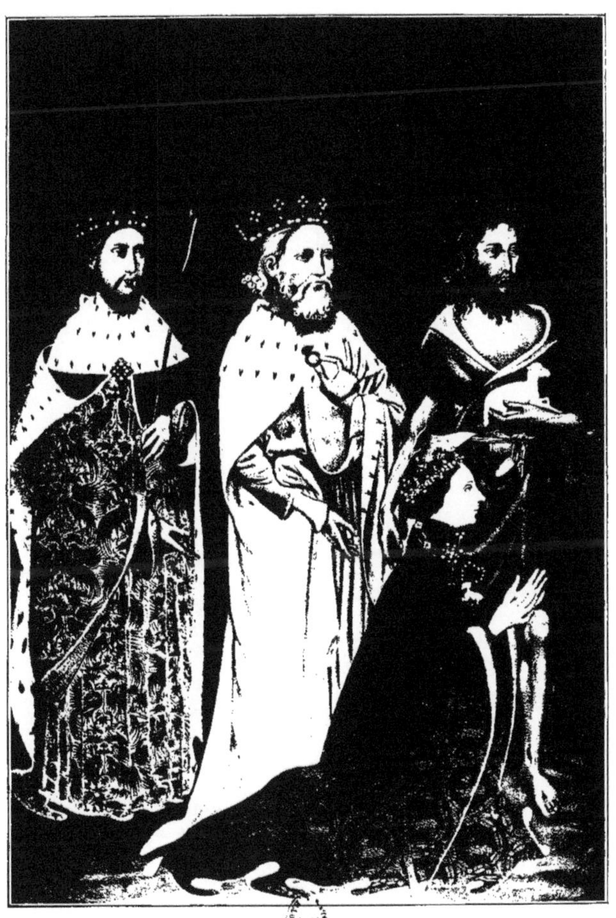

ÉCOLE FRANÇAISE DU XIVᵉ SIÈCLE.

LE ROI D'ANGLETERRE RICHARD II, ACCOMPAGNÉ DE SES SAINTS PATRONS

(Première moitié d'un diptyque appartenant au comte de Pembroke.)

du niveau atteint, d'une façon générale, par l'art de la peinture à une époque déterminée. Suivant une opinion soutenue par des juges éminents, les artistes du moyen âge, en France, auraient excellé dans la miniature : mais ç'eût été leur côté brillant ; et, quand ils auraient passé de la miniature à la grande peinture, ils se seraient montrés beaucoup plus faibles.

J'ose dire que je ne partage pas cette manière de voir. J'estime, au contraire, que les peintures étaient au moins à la hauteur des miniatures : et, en tous cas, que, parmi les miniatures, il n'y a que les plus belles qui puissent réellement nous instruire sur le degré de développement général de l'école à laquelle elles appartiennent.

L'espace me fait défaut pour exposer tous mes arguments. J'indiquerai seulement une seule considération. En France, du XIVe siècle aux débuts du XVIe, il y a eu des miniaturistes qui étaient des enlumineurs de profession ; mais il y a eu aussi des peintres, s'occupant habituellement de tableaux ou même de décorations murales, qui se sont trouvés amenés, parfois d'une façon tout à fait occasionnelle, à exécuter également des images dans des livres. Or, c'est un fait constant que quand nous rencontrons des miniatures d'un ordre exceptionnel pour leur beauté, et que nous pouvons établir quelle est leur origine, toujours nous constatons qu'elles sont l'œuvre, non d'un simple enlumineur de métier, mais d'un homme qui a fait en même temps de la grande peinture.

La main d'un peintre proprement dit se décèle par des qualités de maîtrise qu'ignore le commun des illustrateurs de livres. Dans beaucoup de manuscrits, par exemple, on trouve des bustes de Vierge ou encore de ces représentations macabres, allusions à la brièveté de la vie, qu'affectionnaient nos ancêtres, telles que la légende des *Trois morts et des trois vifs*. En général, ces images sont vulgaires. Mais qu'un miniaturiste qui a été en même temps et avant tout un peintre, comme Jean Fouquet, ait à traiter les mêmes sujets : voilà le buste de Vierge qui devient une création charmante, toute empreinte de sentiment maternel, voici les *Trois morts et les trois vifs* qui donnent matière à un vrai tableau de genre, d'une composition excellente et plein d'élégance dans les figures[1].

C'est un peintre également et non un enlumineur qui, dans un livre d'heures exposé à la Bibliothèque Nationale (B. N., n° 117), a rajouté ce

---

1. Voir pages 8 et 9 les reproductions de deux miniatures de Fouquet.

portrait naïf, mais très étudié, du roi René encore jeune et portant toute la barbe, que nous donnons à la page 37. Un peintre encore, suivant nous probablement le fameux Jean Perréal, qui a placé en tête de l'exemplaire des *Statuts de Saint-Michel* fait pour le roi Charles VIII (B. N., n° 175), la miniature représentant l'ange saint Michel apparaissant au roi, reproduite page 39, œuvre délicieuse dont le style rappelle de bien près le triptyque de Moulins. Je pourrais multiplier ces exemples qui, tous, contribueraient à appuyer mon opinion qu'en France les chefs de l'école de peinture proprement dite étaient supérieurs aux enlumineurs et que leurs grands tableaux devaient être au moins égaux aux plus belles des miniatures de manuscrits.

Avant de quitter les miniatures de manuscrits, je dois signaler que, pour cette catégorie comme pour les tableaux et même encore beaucoup plus que pour les tableaux, il circule quantité de faux, quelques-uns exécutés très habilement. Il y a quelques années, le marché de Paris en était comme inondé. On vit notamment toute une invasion de prétendus portraits de Jeanne d'Arc, arrivant tout frais éclos d'un atelier de l'étranger. Et le fait n'est pas nouveau. Dès le xvii° siècle, comme le prouvent des exemples relevés pour les manuscrits de Béthune, on a commencé à « truquer » les manuscrits à miniatures[1]. Il y a de très grands Musées où des faux de cette espèce se sont jadis glissés ; et l'on ne saurait trop se mettre en garde contre le danger de les prendre pour pièces authentiques.

Nous avons achevé notre reconnaissance générale du terrain sur lequel nous avons à opérer. Il en ressort que, malgré toutes les conditions les plus défavorables, nous possédons encore bien des éléments précieux à mettre en œuvre. L'Exposition des Primitifs français aura eu ce résultat inappréciable de permettre d'examiner à loisir, de comparer et de discuter la plus grande partie, tout au moins, de ces éléments. Grâce à elle, nous nous trouvons désormais mieux à même de pouvoir rechercher ce qu'a été l'évolution de la peinture en France, du xiv° au xvi° siècle.

---

1 Voir mon mémoire déjà cité sur *Deux miniatures inédites de Jean Fouquet.* Paris, 1902

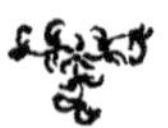

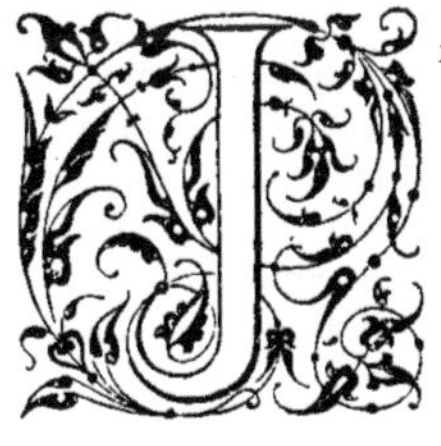

E n'ai pas la prétention d'esquisser ici une histoire complète de la peinture en France avant la Renaissance. Mais je voudrais tout au moins tracer d'une manière rapide quelques grandes lignes, pour indiquer quels enseignements a pu fournir l'Exposition des Primitifs français, soit par la section des peintures proprement dites, dessins et tapisseries, à laquelle l'Union centrale des Arts décoratifs a bien voulu généreusement accorder son hospitalité dans les bâtiments du Louvre, au Pavillon de Marsan, soit par la section des miniatures de manuscrits que la Bibliothèque nationale, sous la direction de M. Léopold Delisle, son illustre administrateur général, et avec le concours de nos savants confrères et amis, MM. Omont et Henri Martin, avait installée dans une somptueuse salle tout récemment créée.

Quand il s'est agi de fixer la période à laquelle devaient se rapporter, comme date d'exécution, les œuvres à admettre à l'Exposition des Primitifs, le choix s'est arrêté à des limites qui avaient l'avantage d'être bien déterminées, l'époque des règnes des souverains de la maison de Valois, depuis Philippe VI, monté sur le trône en 1328, jusqu'à Henri III, mort en 1589. C'est également dans ces limites que je me renfermerai. Cependant, pour bien comprendre ce qui s'est passé pour le développement de l'art de la peinture en France, durant la première moitié environ de cette période, entre l'avènement de Philippe de Valois et la fin du règne de Charles VI, il est nécessaire de tenir compte de trois ordres de faits qui nous obligent, pour saisir le point de départ, à remonter un peu plus haut que 1328.

Le premier fait dont je veux parler, c'est l'existence, dès le xiiie siècle, d'une école de peinture, admirable pour le style, qui a fleuri au cœur même de la France, dans le domaine royal et spécialement à Paris.

Les productions de cette école, par exemple les miniatures de manuscrits dans des volumes de provenance royale[1], sont empreintes des mêmes qualités supérieures qui, au plus beau temps du siècle de saint Louis, marquent aussi les merveilleuses créations de la sculpture française. Nous y relevons la clarté et la logique dans les compositions, un goût sûr et souvent exquis, la recherche de la noblesse des poses et de l'élégance des formes, et dans l'ensemble un parfum subtil et pénétrant de grâce, de pureté de dessin et de parfaite convenance d'arrangement. Ces traits resteront comme les marques du milieu d'art français et particulièrement parisien jusqu'au commencement du xve siècle ; ils s'imprimeront d'une façon plus ou moins accentuée, mais toujours reconnaissable, sur tous les peintres ou miniaturistes, qui viendront s'affiner au contact du brillant foyer intellectuel de la France royale.

Dans cette France royale, une ville a joué un rôle exceptionnel : c'est Paris, et, parmi les arts, ceux de la peinture trouvèrent particulièrement dans la capitale de notre pays un très favorable terrain de développement. Beaucoup des artistes qui y manièrent alors le pinceau ne semblent pas, il est vrai, avoir été Parisiens de naissance. La nature répartit comme il lui plaît ses dons à ses enfants. Mais, très fréquemment, quand un peintre ou un miniaturiste, en quelque cité, se trouvait doué d'un talent capable de le mettre hors rang, il ne se contentait pas de travailler dans sa province natale, il voulait un théâtre plus brillant, et ce théâtre, c'était pour ainsi dire fatalement Paris.

Cette attirance de Paris, qui persista jusque vers la mort de Charles VI, était facile à comprendre. Les artistes, pour vivre, ont besoin de protecteurs, de clients qui soient suffisamment riches pour leur donner des commandes, leur assurer même des pensions. Or, quel milieu était plus favorable pour se faire valoir que le siège de la monarchie française ! Là

1. Citons, comme ayant figuré à l'Exposition, le ravissant *Psautier de saint Louis* (B. N., n° 6), près duquel étaient très justement placés deux admirables *Évangéliaires de la Sainte-Chapelle* (B. N., n°[s] 3 et 4).

vivaient des souverains qui aimaient et encourageaient les arts. Là on pouvait devenir « peintre du roi », titre qui apparaît donné à des artistes dès 1304, ou « peintre de la reine ». Avec cette charge, on recevait d'autres titres de cour très recherchés, celui d'huissier de salle ou de sergent d'armes du roi, et surtout celui de valet de chambre du roi, qui faisait de vous un vrai personnage.

Là encore on obtenait la jouissance de maisons affectées spécialement aux peintres en titre, et qui étaient placées près du palais, comme si les rois et les reines voulaient avoir toujours leurs artistes sous la main.

Et autour des successeurs de saint Louis, on avait chance de trouver des protecteurs parmi les princes du sang, les grands seigneurs qui avaient des hôtels à Paris,

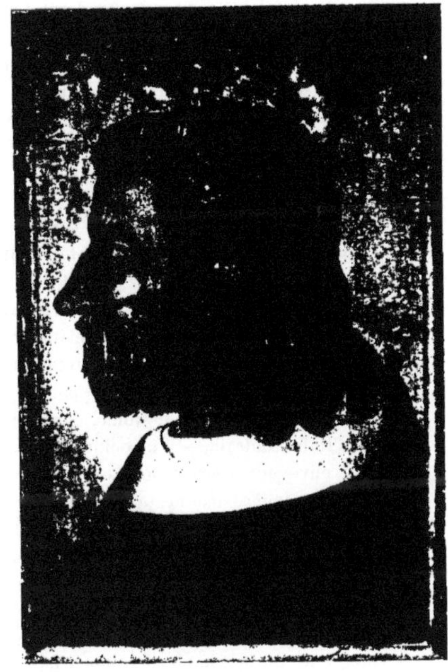

quelquefois aussi parmi des souverains de pays étrangers venus en France, rois de Navarre, de Bohême, de Majorque ou d'Écosse, empereurs d'Allemagne même. A Paris aussi vivait une bourgeoisie riche, intelligente et sensible à l'attrait des belles choses.

Dans ces conditions, rien d'étonnant que Paris, en ce qui concerne l'art de la peinture, ait été déjà, au xive siècle, l'équivalent de ce qu'il est encore aujourd'hui, le centre qui exerce un attrait irrésistible, dont rêvent les artistes, où les talents vont achever de se former et recevoir leur consécration définitive.

Tandis que le milieu d'art se crée et se maintient toujours de plus en plus brillant dans la France royale et surtout à Paris, l'Italie, à partir du xiiie siècle, voit s'accomplir chez elle une rénovation de l'art de la peinture. Des maîtres ont paru, qui furent, dans leur temps, de hardis novateurs : Duccio à Sienne, Cimabué à Florence. Giotto les suit; et avec lui ce n'est plus le talent seulement, c'est le vrai génie qui entre en scène. L'école florentine se développe, tandis que, à côté d'elle, fleurit l'école siennoise, qui s'enorgueillit bientôt de cet admirable maître : Simone di Martino, que l'on a longtemps appelé Simone Memmi.

Or, notre France, de très bonne heure, fut attentive à ce grand mouvement de renaissance de la peinture italienne. Et c'est là justement le second des trois faits que je veux mettre en lumière.

Dès 1298, nous voyons le roi Philippe le Bel faire sur son trésor les frais de l'envoi à Rome, — et par Rome, dans les habitudes du temps, il faut entendre l'Italie centrale, — d'un peintre français, Étienne d'Auxerre. Le roi de France envoyant à ses dépens un peintre en Italie ! N'est-ce pas déjà comme une première manifestation de ce sentiment qui devait finir par amener un jour l'institution de l'Académie de France à Rome ? Six ans après, en 1304, Philippe le Bel va plus loin encore. Il prend à son service, avec le titre de « peintres du roi », trois peintres de Rome, c'est-à-dire trois artistes venus d'Italie, Filippo Bizuti et son fils Jean, et Nicolas de' Marsi, qui continuent longtemps à travailler pour la cour de France.

Ainsi, l'art de la Péninsule, rénové par Cimabué et Giotto, a pu être connu jusqu'au cœur de la France, dès le commencement du xive siècle. Notons qu'Étienne d'Auxerre, que nous avons vu envoyé en Italie par le roi, avait un fils, Jean, qui travaillait avec son père et a pu ainsi être initié par lui à l'art italien, et que ce fils devint « peintre du roi » (1321-1323).

Plus avant dans ce même siècle, c'est toute une colonie d'Italiens qui viennent s'implanter dans notre pays. Le Saint-Siège a été transféré à Avignon. Cette circonstance attire d'Italie de nombreux artistes. L'admirable maître Simone di Martino, mort en 1344, vient travailler à Avignon,

et plusieurs peintres de ses compatriotes font de même. La stupide rage
de destruction, que je déplorais chez nos ancêtres dans mon premier chapitre, s'est exercée à Avignon comme presque partout ailleurs en France.
Cependant, il reste encore, dans la vieille ville des papes, assez de débris
de fresques, et d'autre part les archives ont fourni assez de renseignements,

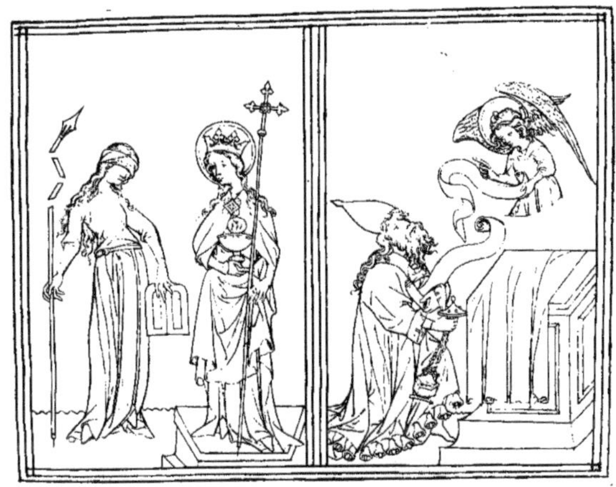

ÉPOQUE DU « PAREMENT DE NARBONNE ».
L'ÉGLISE ET LA SYNAGOGUE
Dessin à double compartiment (Ms. n° 2002 de la Bibliothèque de l'Arsenal).

pour que nous soyons en droit d'affirmer qu'Avignon a dû constituer
jadis une admirable galerie de peinture italienne. Or, cette galerie,
plusieurs des princes qui ont le plus grandement protégé les arts en
France, — par exemple, sous le règne de Charles VI, les ducs de Berry, de
Bourgogne et d'Orléans, — ont eu occasion de pouvoir la contempler, car ils
ont été rendre des visites à la cour pontificale; et il est très possible que,
dans leurs voyages à Avignon, ces princes se soient fait accompagner,
parmi les gens de leur maison, de leurs peintres auxquels ils avaient
donné le titre de valets de chambre. La supposition est d'autant plus vrai-

semblable que nous savons que, quand le roi Jean eut été emmené en captivité en Angleterre, son peintre en titre alla partager son sort.

Quoique la question ait été discutée, j'estime, pour ma part, que la peinture italienne a exercé une action marquée sur la peinture française au XIV⁰ siècle.

Sans doute, il y a eu des artistes français qui sont restés fidèles aux vieilles traditions léguées par la France du XIII⁰ siècle et les ont conservées dans toute leur pureté, sans aucun mélange étranger. En 1304, Philippe le Bel n'avait pas seulement comme peintres les artistes « de Rome » dont nous avons parlé; le titre de « peintre du roi » était aussi porté à la cour par un artiste de notre race, Évrard d'Orléans, qui paraît avoir joué un rôle actif. Mais il n'en reste pas moins que beaucoup de productions de l'art que l'on peut très justement appeler français, la plupart dues à des maîtres qui ont passé par Paris, ont un caractère d'italianisme indéniable.

Voici, par exemple, le portrait du roi Jean, de la Bibliothèque nationale. Suivant toutes vraisemblances, il est de la main d'un de nos compatriotes, de Girard d'Orléans, ou du peintre de Paris Jean Coste. Mais on ignorerait le nom du modèle, la provenance de l'œuvre, que, d'après son style, on serait parfaitement en droit de penser à quelque maître de l'école florentino-siennoise, à chercher autour de Simone di Martino.

L'étude attentive des originaux, qui peut être effectuée principalement sur les miniatures des manuscrits, révèle bien des emprunts faits alors par la France à l'Italie. D'Italie notamment semble être venu un parti pris de coloris clair, où dominent les tons doux et transparents, que les artistes groupés autour de la cour de Charles VI et du duc de Berry ont surtout particulièrement affectionné. A l'Exposition, on pouvait voir des échantillons de ce coloris dans plusieurs œuvres appartenant bien à notre pays[1]; et il n'y avait qu'à traverser la cour du Carrousel pour retrouver, dans la Galerie des Sept mètres, au Musée du Louvre, des peintures italiennes montrant de semblables notes de coloration. Quelquefois ce sont des compositions entières que les artistes français ont empruntées à des prototypes italiens. En certains cas, l'influence exercée par l'art florentino-siennois a été telle que les critiques les plus en renom s'y sont laissé prendre.

---

1. Par exemple deux des œuvres que nous donnons en reproduction. le *Martyre de saint Denis* (P. M., n° 16), et le tableau portatif circulaire des ducs de Bourgogne (P. M., n° 15).

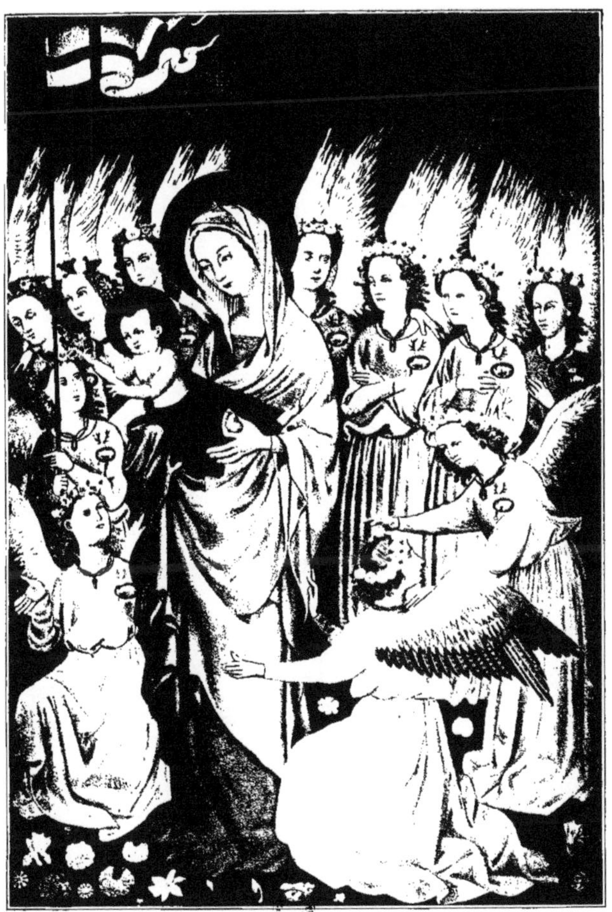

ÉCOLE FRANÇAISE DU XIV° SIÈCLE. — LA VIERGE ENTOURÉE D'ANGES

(Seconde moitié d'un diptyque appartenant au comte de Pembroke.)

Dans l'incomparable manuscrit des *Très riches Heures du duc de Berry*, conservé à Chantilly, au Musée Condé, par exemple, il y a des miniatures, telles qu'un *Couronnement de la Vierge*, ou un tableau de la *Purification*, qui ont pu très naturellement suggérer l'idée d'une main italienne, alors que l'analyse minutieuse démontre au contraire qu'il n'y a que des artistes français ou francisés qui aient pu les peindre.

Il y aurait bien à dire à cet égard, mais je ne puis m'y attarder, et je veux arriver enfin au troisième fait à mettre encore en lumière.

En 1317, la reine de France a son peintre en titre, qui reçoit à vie un atelier situé à Paris à côté du palais. Ce peintre est nommé Jean de Locre. Or, ce nom de Locre rappellerait plutôt une localité de Belgique. En 1320, un peintre est très en vue, toujours à Paris. Ce peintre s'appelle Jean de Bruxelles. En 1328, un autre peintre habite aussi Paris. Il se nomme Jean de Gand. Durant tout le xive siècle et pendant le premier quart du xve, le fait se renouvelle. Au cours de notre rapide revue, nous aurons à citer, comme peintres ou miniaturistes ayant travaillé autour de la cour de France, Jean de Bruges (Jean de Bondolf), André Beauneveu de Valenciennes, Jacques Coene de Bruges, Jean de Hollande, Haincelin de Haguenau, Pol de Limbourg, etc.

Il est certain, par conséquent, qu'au développement de la peinture dans la France royale, et particulièrement à Paris, ont concouru alors des artistes venus des régions du nord et du nord-est de l'ancienne Gaule, avec le Rhin pour limite orientale. De ces régions du nord, les unes, comme les comtés d'Artois ou de Flandre, faisaient partie du royaume de France, au moins à titre de suzeraineté. D'autres, plus au nord, et surtout plus à l'est, en étaient indépendantes, telles que le Brabant, la Hollande, le Limbourg, la Gueldre, l'évêché de Liège, auxquels il faut encore joindre l'Alsace. Nos ancêtres appelaient volontiers celles de ces régions qui étaient le plus voisines du Rhin, entre la rive gauche de ce fleuve et la Meuse, « le païs d'Allemaigne ». Aujourd'hui, par suite des nouvelles divisions territoriales qui ont partagé cette région entre la Belgique, les Pays-Bas, l'Empire allemand, et même la France pour certaines portions, il est assez difficile de trouver une désignation d'ensemble. J'ai proposé ailleurs, et je demande la permission d'employer ici, pour spécifier cette région d'entre l'Escaut et le Rhin, en y rattachant l'Alsace, l'expression de Lotharingie, qui correspond à une délimitation créée historiquement par le traité de Verdun, en 843.

Donc, ce sont ces régions du nord de la France et de la Lotharingie qui ont fourni à la France, au temps des premiers Valois, une partie de ses meilleurs peintres ou miniaturistes. Et voilà la troisième constatation que j'avais à faire intervenir.

Nous avons ainsi successivement dégagé trois éléments. C'est, en première ligne, l'existence d'un grand milieu français, ayant principalement Paris pour centre, qui étend son attraction jusqu'aux bords du Rhin, jusqu'à la Hollande, jusqu'à l'Alsace ; qui, d'autre part, a conservé les vieilles traditions de clarté, de logique, de goût épuré, privilèges héréditaires de notre race ; enfin qui imprime ces caractères comme une marque adoptive à ceux qui arrivent même de loin pour achever de se perfectionner à son contact. C'est ensuite, en seconde ligne, une influence exercée par les peintres de l'école italienne ou les productions de ces peintres, influence qui peut aller jusqu'à inspirer parfois presque de vrais pastiches. C'est enfin, en troisième ligne, le grand rôle joué, grâce à des dons spéciaux de la nature, par les artistes qui, des régions du nord de la France, la Flandre et l'Artois, et surtout de la Lotharingie, descendent pour s'installer à Paris et dans le centre du royaume.

Supposez maintenant ces trois éléments agissant, combinés de diverses manières, avec des proportions variées, et vous avez les traits essentiels de la peinture en France jusqu'aux débuts du règne de Charles VII. Un document de 1328, daté par conséquent de l'année même qui a été prise pour point de départ à l'Exposition des Primitifs français, nous montre, par un exemple bien complet, la synthèse de ces trois éléments. Dans ce document, il est question d'un peintre « demeurant à *Paris* » mais venu de *Flandre*, Jean de Gand, qui vend à la comtesse d'Artois des tableaux « de l'ouvrage de Rome », c'est-à-dire *italiens*, ou de style italien[1].

Une objection peut être soulevée. Les données que je viens d'exposer sont fournies d'une manière indiscutable à la fois par les textes d'archives et par l'analyse des œuvres subsistantes. Mais, en m'appuyant sur elles, je me trouve amené ainsi à ranger parmi les peintres français des artistes nés

---

1. Cf. ce que j'ai dit de ce document, en 1894, dans les *Monuments et mémoires* de la *Fondation Eugène Piot*, t. I, p. 183-184.

dans des régions du nord du royaume des Fleurs de lis que l'on a généralement coutume d'envisager isolément, les comtés de Flandre et d'Artois.
Bien plus ! j'agrège à la France des artistes venus de l'étranger, sortis de
ce que j'appelle la Lotharingie, issus par exemple du « païs d'Allemaigne »,
d'entre Meuse et Rhin.
Est-il vraiment légitime de
considérer les œuvres de
ces maîtres comme des
« primitifs français » ?

On n'a peut-être pas
assez remarqué que la
même question se pose en
somme pour les primitifs
flamands du xvᵉ siècle
à partir des Van Eyck.
En effet, qu'appelle-t-on
des « primitifs flamands » ?
Sont-ce uniquement les
peintures exécutées par
des artistes originaires de
la Flandre et de la région
voisine du Brabant ? Dans
ce cas, le champ se restreindrait singulièrement.
A l'époque des Van Eyck,
la Flandre était sous la
domination des ducs de

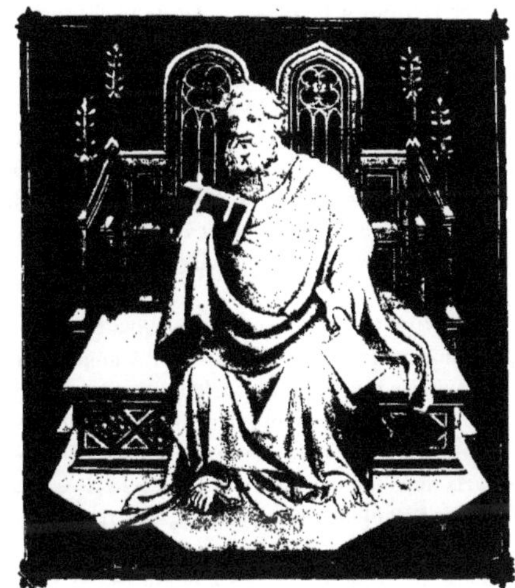

ANDRÉ BEAUNEVEU.
FIGURE D'APÔTRE
EN TÊTE DU PSAUTIER DU DUC DE BERRY
(Ms. français nᵒ 13091 de la Bibliothèque nationale. fᵒ 29).

Bourgogne ; or, les Van Eyck ne sont pas nés sujets des ducs de Bourgogne. Dirk Bouts, Gérard David ne sont pas des Flamands, mais des
Hollandais. Je sais qu'on a essayé de tourner la difficulté en substituant
à l'expression d'art flamand celle d'art belge. Mais resterait toujours le
cas de Memling. Memling est originaire de Mayence ; et, malgré toute la
meilleure volonté du monde, il me semble difficile de faire de Mayence un
pays belge. La vérité n'est pas là. Ce qui constitue le fondement de l'école
flamande du xvᵉ siècle, c'est l'existence de ces grands centres situés en

Flandre ou en Brabant, comme Bruges, Gand, Lille, Bruxelles, qui ont
attiré les artistes et où ceux-ci, se trouvant en communion les uns avec les
autres, ont éprouvé l'ascendant d'une doctrine générale qui est devenue la
caractéristique de l'école. C'est le séjour à Bruges ou à Gand, et non la
naissance, qui a réellement fait que Gérard David, Memling et même les
Van Eyck ont été des maîtres flamands.

Il n'est que juste de proposer d'appliquer le même principe à la
France du xive siècle et du début du xve. Un intense foyer d'art existait,
c'était Paris. D'autres centres intellectuels, toujours très français, étaient
constitués encore par les chefs-lieux des apanages des princes du sang,
tels que Bourges, Poitiers, Dijon. La peinture française, c'est la peinture
des maîtres, quelle qu'ait pu être leur première origine, qui se sont installés
dans ces centres et qui ont subi au plus haut degré l'influence de l'école
qui y florissait.

La vitalité d'une école se reconnaît quand cette école est assez forte
pour imprimer un caractère d'unité générale aux créations de ceux qui
viennent se ranger sous sa bannière. Or, c'est précisément ce qui s'est
passé en France au temps des quatre premiers rois de la branche de Valois.
Il existe, par exemple, toute une série de très belles miniatures, exécutées
à Paris au commencement du xve siècle. Ces miniatures, quoique de mérite
inégal, présentent entre elles de tels rapports que des érudits distingués
les ont cru sorties d'un même atelier. Or, j'ai pu parvenir à déterminer les
auteurs de plusieurs de ces miniatures. Et voilà que, de ces auteurs, l'un
est un Brugeois, le second un Alsacien, le troisième un Gueldrois ; et cependant leurs œuvres ont une évidente parenté ! Pourquoi ? C'est que ce Brugeois, cet Alsacien, ce Gueldrois, ont été absorbés par le milieu de Paris
où ils travaillaient, et que ce qui domine chez eux, ce n'est plus le caractère natal individuel, mais un caractère commun, lequel caractère est proprement le caractère français.

Les documents nous ont conservé les noms d'un certain nombre des
peintres de France les plus en vue durant la période que nous envisageons
dans ce chapitre. J'ai déjà cité, comme ayant fleuri dans la première moitié
du xive siècle, Étienne et Jean d'Auxerre, Évrard d'Orléans, Jean de Locre et
Pierre de Bruxelles. Ajoutons-y encore Jean d'Auteuil, qui travaillait à Paris
de 1322 à 1327. De tous ces peintres, rien malheureusement ne nous est resté.

Nous sommes plus favorisés en ce qui concerne les miniatures de manuscrits.

Vers l'époque de l'avènement des Valois, deux enlumineurs furent surtout en vogue à Paris, Jean Pucelle, dont les œuvres conservèrent longtemps

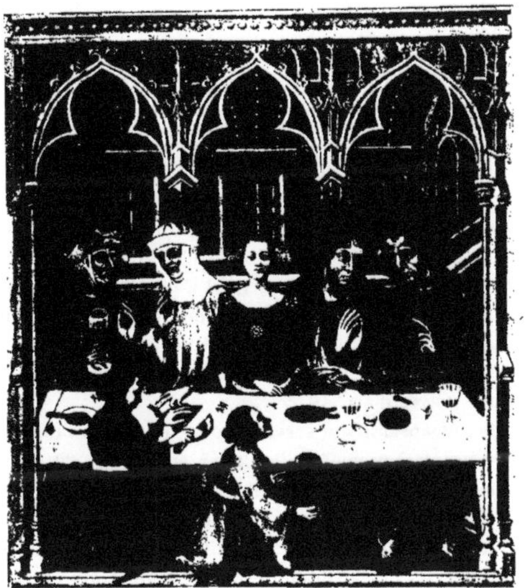

JACQUEMART DE HESDIN. — LES NOCES DE CANA
(Ms. latin n° 919 de la Bibliothèque nationale, f° 41).

leur réputation, et Jaquet Maci ou Maciot, qui fut attaché comme valet à la maison des rois Philippe le Bel et Philippe le Long. La Bibliothèque nationale montrait une Bible, terminée en 1327 (ms. latin 11935), dont l'illustration est due précisément à la collaboration de ce Jean Pucelle et de ce Jaquet Maci, secondés par un troisième collaborateur nommé Anciau de Cens (B. N., n° 23).

Sous les règnes de Philippe VI de Valois et de son fils le roi Jean, deux peintres de renom habitent Paris et se partagent les faveurs royales.

L'un est Girard d'Orléans, peintre à Paris dès 1344, employé par la cour de France à partir de 1349, huissier de salle du roi Jean, qualifié de « peintre du roy » à partir de 1352, titre auquel il joint bientôt celui de valet de chambre, et qui est mort le 6 août 1361, en laissant un fils nommé Jean, dont nous reparlerons.

L'autre est Jean Coste, regardé en 1349 comme « le meilleur peintre de Paris », chargé alors d'exécuter toute une importante décoration murale au château du Vaudreuil en Normandie, peintre titulaire du roi dès 1351, qualifié enfin de « peintre et sergent d'armes du roy » entre 1364 et 1367.

L'œuvre de ces peintres n'a peut-être pas péri en entier. En effet, suivant l'opinion des juges compétents, ce serait soit à Girard d'Orléans, soit à Jean Coste, que serait dû le portrait du roi Jean de la Bibliothèque nationale, qui figurait à l'Exposition (P. M., nº 1), et dont nous donnons la reproduction. « Cette peinture a souffert, dit Paul Mantz; elle reste cependant vénérable, car elle nous parle d'un monde disparu. Elle surprend le spectateur dépaysé qui n'a étudié que l'idéal moderne, mais elle a l'accent d'une création à la fois naïve et forte... Le portrait de Jean II est incontestablement une œuvre d'art[1]. »

Le roi Jean eut aussi à son service trois enlumineurs de l'école parisienne : Jean Susanne, nommé enlumineur en titre le 30 octobre 1350, Jean de Montmartre mentionné en 1351-1352, enfin Jean Lenoir qui, en 1358, reçut de la Couronne la jouissance d'une maison à Paris, et qui devait plus tard, de 1372 à 1375 au moins, travailler également pour un des fils du roi Jean, le fameux duc Jean de Berry. Ce Jean Lenoir se faisait aider dans son travail par sa fille nommée Bourgot, qualifiée d' « enlumineresse ».

Il est probable que dans les superbes manuscrits de l'époque qui ont été exposés à la Bibliothèque nationale, il doit y avoir des œuvres de Jean Susanne, de Jean de Montmartre, de Jean Lenoir et de sa fille Bourgot. Mais leur détermination exacte est malheureusement impossible.

J'ai dit que Girard d'Orléans avait laissé un fils nommé Jean. Celui-ci, à la mort de son père, en 1361, lui succéda dans sa charge de peintre du roi. En 1420, soixante ans plus tard, il était encore titulaire de cet office.

---

1. *La Peinture française du IXe siècle à la fin du XVIe* (Bibliothèque de l'enseignement des Beaux-Arts), p. 150.

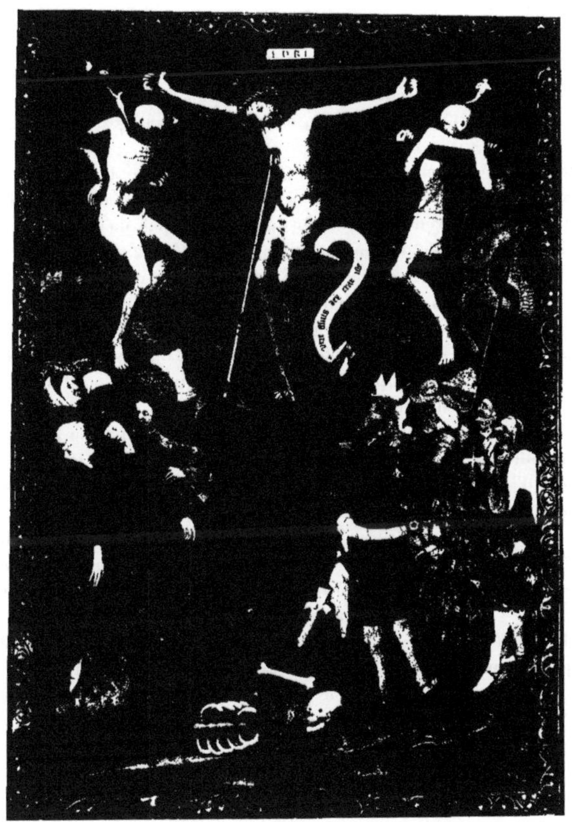

ÉCOLE DE PARIS (VERS 1412). — LE CALVAIRE.

Grande miniature du Missel de Saint-Magloire (Ms. n° 623 de la Bibliothèque de l'Arsenal).

Cependant son grand âge, à partir de 1407, ne lui permit plus de travailler activement. On lui donna alors en suppléance son fils, François d'Orléans, qui, après sa mort, le remplaça définitivement. Nous voyons ainsi toute une dynastie qui se succède de père en fils, depuis Girard jusqu'à François, chacun jouissant l'un après l'autre, entre divers avantages, de la maison affectée à Paris aux peintres en titre.

Jean d'Orléans paraît avoir eu un, sinon même deux homonymes, qui ont exercé le même art que lui : Jean Granger, *dit* d'Orléans, qui, à dater de 1410, fut successivement peintre du duc de Berry, puis du roi Charles VII, et peut-être un certain Jehannin d'Orléans. Il est assez délicat de ne pas faire de confusion entre ces homonymes ; cependant, on peut, d'après les documents, déterminer que Jean d'Orléans, fils de Girard et peintre en titre du roi à partir de 1361, eut une existence d'artiste bien remplie. Parmi ses œuvres, citons un de ces tableaux ronds que l'on pouvait transporter dans des étuis de cuir, du genre de celui qui a figuré à l'Exposition et que j'ai indiqué et reproduit dans mon précédent chapitre.

Le roi Charles V, qui succéda au roi Jean en 1364, fut, on le sait, un ardent protecteur des arts. Il eut comme peintre en titre, en même temps que Jean d'Orléans, un artiste originaire du nord, Jean Bandol ou de Bondolf, que l'on appelait plus communément Jean de Bruges.

Ce premier Jean de Bruges « peintre du roi », qu'il faut bien se garder de confondre avec Jean Van Eyck, s'est montré un maître dans une miniature exécutée en 1371, qui représente l'offre d'un manuscrit de la Bible au roi Charles V par son serviteur, Jean de Vaudetar. Cette miniature est immobilisée à La Haye, au musée Meermano-Westreenen. Mais une photographie en avait été placée à la Bibliothèque (B. N., n° 56). D'autre part la cathédrale d'Angers avait prêté pour le Pavillon de Marsan des morceaux d'une *Tenture de l'Apocalypse*, qui fut exécutée pour le duc d'Anjou sur des patrons fournis par ce même Jean de Bruges (P. M., n° 259).

A l'Exposition se trouvait aussi le *Parement de Narbonne*, appartenant au musée du Louvre, dont j'ai déjà parlé (P. M., n° 3). C'est un devant d'autel dessiné à l'encre sur un morceau de soie, ne mesurant pas moins de 2m86 de long sur 0m78 de haut. Au centre de ce parement, le roi Charles V et sa femme la reine Jeanne de Bourbon (morte en 1377) sont représentés en prières aux deux côtés d'une image du Calvaire. A droite et à gauche

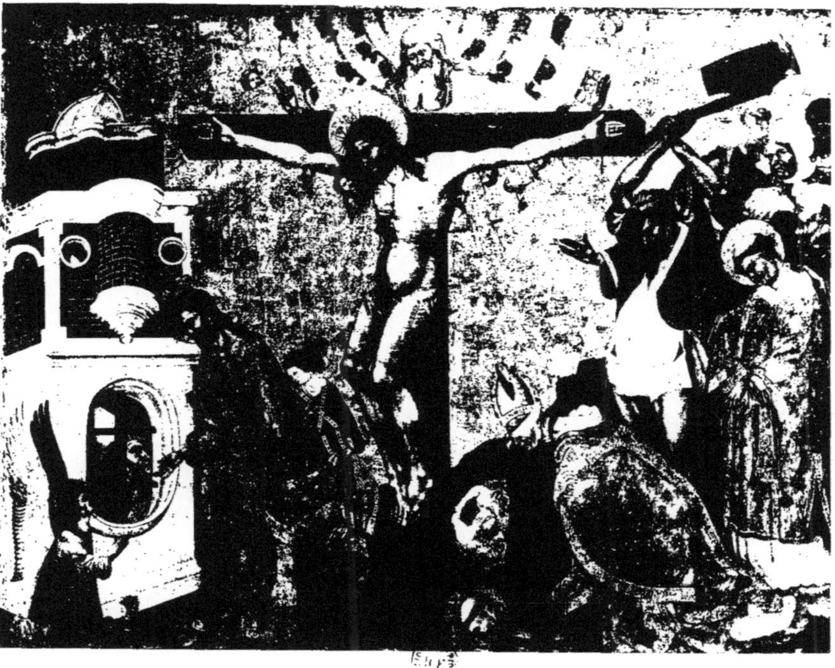

Jean Malouel. — Le Martyre de saint Denis
(Musée du Louvre).

se déroulent des épisodes de la Passion et de la Résurrection du Christ.

Le *Parement de Narbonne* a été quelquefois attribué à Jean de Bruges.
M. Bouchot l'a revendiqué récemment pour Jean d'Orléans, en le rapprochant en même temps de certaines miniatures des *Petites Heures du duc
de Berry*, manuscrit exposé à la Bibliothèque nationale (B. N., n° 69).

Le *Parement de Narbonne* ayant été plusieurs fois reproduit déjà, nous
préférons donner ici une autre œuvre, qui, si elle n'est pas de la main du
même maître, est marquée au sceau du même style, un dessin à double
sujet qui orne le début d'un manuscrit conservé à l'Arsenal. Ce dessin est
un parfait modèle de l'art français sous Charles V.

Charles V eut des frères qui, comme lui, s'intéressèrent vivement aux
arts. Pendant son règne, deux de ces frères, le duc Jean de Berry et le duc
de Bourgogne Philippe le Hardi, firent la fortune de deux peintres établis
à Paris. Le duc de Berry prit à son service, à partir de 1369 au moins,
Étienne Lannelier ou Lenglier, qui, en 1391, demeurait encore un des chefs
de l'école de peinture parisienne. Le duc de Bourgogne engagea à Paris
en 1375, pour l'envoyer ensuite travailler à Dijon, Jean de Beaumetz.

Ce Jean de Beaumetz, que le duc de Bourgogne trouva à Paris, était
du nombre de ces artistes qui avaient été attirés du Nord vers la cour de
France. Il avait auparavant habité Arras et s'était fait recevoir bourgeois
de Valenciennes.

Le surnom de Jean de Bruges, que nous avons dit avoir été donné à
Jean de Bondolf, peintre de Charles V, nous montre que celui-ci se trouvait
dans les mêmes conditions. C'était le cas également pour deux enfants du
Hainaut, Évrard de Hainaut qui peignait à Paris en 1375, et un homme
bien plus célèbre, André Beauneveu de Valenciennes.

André Beauneveu fut à la fois peintre et sculpteur. Froissart a parlé de
lui comme d'un maitre incomparable, n'ayant son supérieur, ni même « son
pareil en nulles terres ». Peut-être le chroniqueur s'est-il laissé un peu
influencer par le sentiment du « clocher ». Il ne faut pas oublier, en effet,
que, comme Beauneveu, Froissart lui aussi était de Valenciennes. Mais il
n'en est pas moins vrai que Beauneveu a été chargé de très importants
travaux par Charles V et que le duc de Berry l'honorait d'une estime toute
particulière. Comme œuvres certaines, il nous est resté de lui, en fait de
peintures, une série de vingt-quatre miniatures, représentant des figures

d'apôtres et de prophètes, placées au début du *Psautier latin-français du duc de Berry* qu'exposait la Bibliothèque nationale (B. N. n° 67). Dans ces figures, les vêtements sont peints en grisaille et tout l'ensemble est tenu dans cette note claire de coloris que nous avons signalée. Les têtes sont extrêmement vivantes. Il en est parmi elles qui en arrivent presque à avoir un caractère moderne.

Des régions du nord descendit encore, pour s'installer à Bourges auprès du duc de Berry, un autre peintre enlumineur de grand talent, Jacquemart de Hesdin, déjà au service du duc de Berry en 1384. L'œuvre de Jacquemart de Hesdin a longtemps été confondue avec celle de Beauneveu. M. le comte Robert de Lasteyrie a fait le départ entre les deux maîtres, restituant à Jacquemart de très belles miniatures qui se trouvent dans plusieurs manuscrits du duc de Berry, à Paris ou à Bruxelles. L'une d'elles, que nous reproduisons ici, tirée des *Grandes Heures du duc de Berry* (B. N., n° 68 et représentant les *Noces de Cana*, nous montre l'habileté du maître et le charme qu'il savait donner à ses figures de jeunes femmes.

Avec les derniers artistes que nous venons de nommer, nous sommes entrés dans le règne de Charles VI. Au début de ce règne, à côté des maîtres plus anciens, Jean d'Orléans et Étienne Lannelier, le peintre proprement dit qui semble le plus en vogue dans la capitale de la France est Colard de Laon. Colard de Laon est déjà à Paris en 1377. Dès 1383, il est occupé par le roi Charles VI, et, à partir de 1391, il est qualifié de peintre et valet de chambre du roi.

Le 12 août 1391, se passe un fait considérable. Jean d'Orléans, Étienne Lannelier, Colard de Laon, se sont réunis avec d'autres peintres et des sculpteurs ou tailleurs d'images, et ils font approuver par le garde de la prévôté de Paris les statuts d'une sorte de société des artistes de Paris, institution dans laquelle nous pouvons saluer, à divers égards, une véritable ancêtre de nos modernes associations.

Les documents un peu postérieurs mentionnent encore bien des peintres, par exemple Jean de Hollande qui, travaillant à Bourges en 1398, y eut une terrible querelle avec Jacquemart de Hesdin, et Michelet Saumon, qui fut peintre et valet de chambre du duc de Berry, dans les dernières années de la vie de ce prince.

Mais à quoi bon entasser les noms et les dates ! Ce qu'il nous faudrait,

ce sont les œuvres ; et celles-ci, hélas! ont totalement disparu. On ne
saurait trop le déplorer. Les princes qui employèrent les Étienne Lannelier, les Jean d'Orléans, les Colard de Laon, les Michelet Saumon, étaient
de fins connaisseurs. Quand on voit de quelles superbes miniatures les
enlumineurs ont orné certains de leurs manuscrits, on peut croire que
leurs peintres devaient être également des gens de très grand talent.

Il est heureusement un des artistes formés sous Charles VI par le

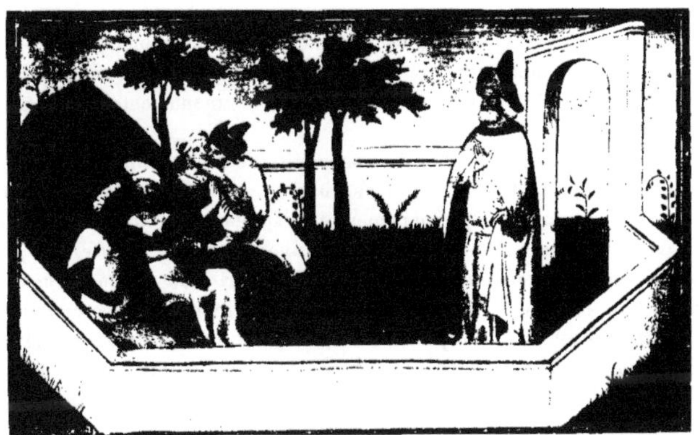

JACQUES COENE. — LE JARDIN DU VIEUX DE LA MONTAGNE
(Ms. français n° 2810 de la Bibliothèque nationale, f° 16).

séjour à Paris et le contact avec le grand foyer d'art de la France royale,
dont l'Exposition des Primitifs permettrait, semble-t-il, d'apprécier la valeur,
c'est Jean Malouel ou Malwell. Malouel était originaire d'une famille de la
Gueldre, appartenant par conséquent au « païs d'Allemaigne », mais il
était devenu parisien d'adoption depuis plusieurs années déjà, quand,
le 11 décembre 1397, le duc de Bourgogne l'engagea comme peintre en
titre en remplacement de Jean de Beaumetz, qui venait de mourir. Malouel
travailla dès lors surtout à Dijon, jusqu'à sa mort survenue en mars 1415.
Toutefois, il eut encore l'occasion, dans l'intervalle, de venir toucher barre
à Paris. Or, c'est très vraisemblablement à Jean Malouel, au moins comme

ayant commencé l'œuvre, qu'il faut faire honneur de l'importante peinture, que nous reproduisons, du *Martyre de saint Denis* (P. M., n° 16), type caractéristique de ce qu'était, au début du xv⁰ siècle, ce style formé d'éléments variés, mais que l'on peut proprement appeler, d'après la région où il a fleuri, le style français.

De Jean Malouel aussi, d'après la date approximative et la provenance de l'œuvre, est peut-être le tableau rond portatif des ducs de Bourgogne, à moins, cependant, que celui-ci ne soit un peu plus ancien, antérieur à 1397, auquel cas il faudrait penser plutôt à Jean de Beaumetz.

Pour les enlumineurs, ou pour les artistes qui ont été à la fois peintres et miniaturistes, nous avons infiniment plus de monuments à notre disposition.

Souvent les miniatures de manuscrits sont de simples illustrations sans grande prétention. Mais il en est aussi qui constituent de vrais tableaux, traités avec autant de développement et d'ampleur de composition que des grandes peintures. Tel est le cas pour une scène du *Calvaire*, qui paraît avoir joui d'une réputation particulière à Paris, au commencement du xvᵉ siècle, car elle a été reproduite à diverses reprises. Nous en donnons ici une des meilleures répliques, fournie par un missel parisien de l'Arsenal qui ne peut être plus récent que 1412, année où il a été donné à l'église Saint-Magloire de Paris, par Jean de la Croix, conseiller et maître des comptes du roi, et sa femme Jeanne la Coquatrixe (B. N., n° 222).

Il me faudrait trop de place pour entrer dans les détails, relativement à toute la série de volumes à miniatures que montrait la Bibliothèque nationale. Mais je veux du moins, d'après le résultat de très longues recherches personnelles, mettre en vedette quelques peintres miniaturistes qui ont joué un rôle exceptionnel dans l'évolution de la peinture française.

L'un d'eux est Jacques Cône, ou plus exactement Coene, suivant la forme locale. Il était originaire de Bruges, mais avant 1398, il était venu se fixer à Paris, où il continua de séjourner pendant au moins quinze ans ; il fit toutefois dans l'intervalle un voyage en Italie.

L'œuvre capitale de Jacques Coene est le *Livre d'Heures du maréchal Boucicaut*, que Mᵐᵉ Édouard André a bien voulu prêter pour l'Exposition (B. N., n° 86). Jacques Coene n'a pris aucune part, quoi qu'on en ait dit, à l'exécution des *Très riches Heures du duc de Berry* de Chantilly ;

mais, sans parler d'autres volumes, tels qu'un Livre d'Heures du duc de
Berry conservé à Bruxelles, il a beaucoup travaillé à l'illustration d'un
manuscrit célèbre de la Bibliothèque nationale, le *Livre des Merveilles du*

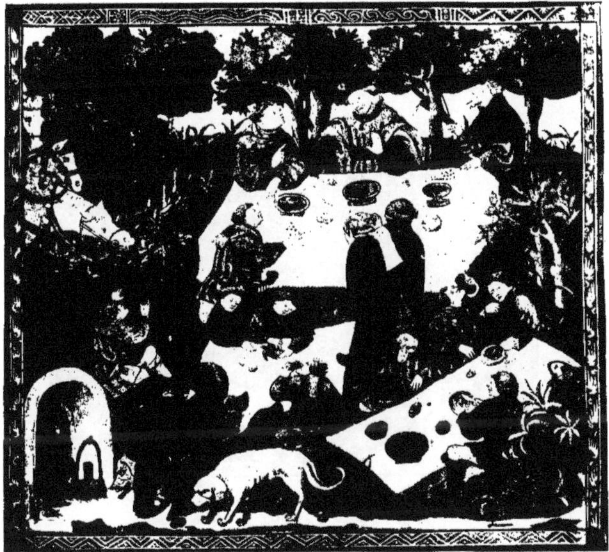

ATELIER DE HAINCELIN DE HAGUENAU. — REPAS DES CHASSEURS
(Ms. français n° 616 de la Bibliothèque nationale, f° 67).

monde, donné au duc de Berry avant 1413 par son neveu le duc de Bourgogne Jean sans Peur (B. N., n° 63).

Un second artiste très important est Haincelin de Haguenau, fixé à
Paris, au plus tard en 1404, dont le nom sous sa forme francisée laisse
deviner la forme originale de « Hansslein », le petit Hans.

Mais les plus grands de tous, ce sont trois frères, groupés en un même
atelier, célèbres parmi les artistes de Paris sous la désignation des « trois

frères enlumineurs », et que les documents nomment Pol de Limbourg, Jehannequin ou Hannequin et Hermant.

Jacques Coene et Haincelin de Haguenau ont été des novateurs. Avant eux, les miniaturistes disposaient leurs figures devant des fonds d'ornement purement conventionnels, où l'or jouait un grand rôle. Beauneveu, Jacquemart de Hesdin n'ont jamais fait autrement, et le procédé est appliqué

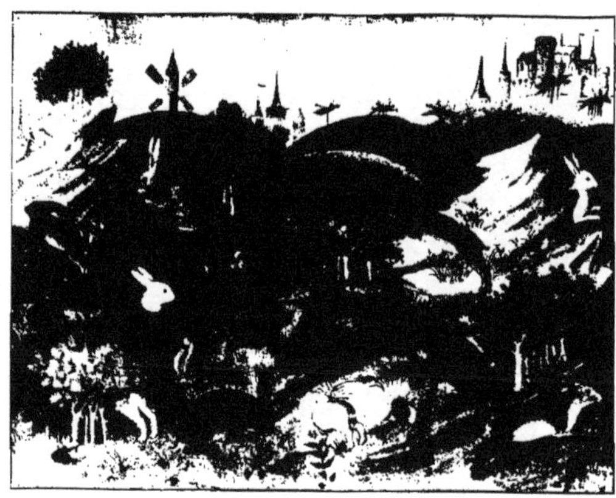

ATELIER DE HAINCELIN DE HAGUENAU. — UNE GARENNE DE LAPINS
(Ms. français n° 616 de la Bibliothèque nationale, f° 26).

dans le tableau du *Martyre de saint Denis*. Nos artistes novateurs, au contraire, ont, en quelque sorte, comme crevé la toile de fond. A l'arrière-plan de leurs compositions, ils ont introduit l'air, l'espace, la lumière, l'aspect de la nature, en un mot le paysage. Nous donnons ici, comme exemples, une vue du *Jardin du Vieux de la Montagne*, due à Jacques Coene dans le *Livre des Merveilles du monde*, et deux miniatures, un *Repas de chasseurs* et une *Garenne de lapins*, tirées d'un exemplaire du livre de Gaston Phœbus sur la chasse, qui a été enluminé dans l'atelier de Haincelin de Haguenau (B. N., n° 92).

Ces mêmes artistes ont eu également le souci du pittoresque (costume oriental du Vieux de la Montagne ; ils ont aussi scrupuleusement étudié la nature pour le rendu des formes animales.

Quant à Pol de Limbourg et à ses frères, ils sont les auteurs des plus belles miniatures qui aient jamais été peintes dans un manuscrit, les incomparables images, formant toute une galerie de tableaux, qui se trouvent dans les *Très riches Heures du duc de Berry* du musée Condé[1]. Les *Très riches Heures du duc de Berry* ne peuvent sortir de Chantilly ; mais la section de l'Exposition des Primitifs installée à la Bibliothèque nationale montrait des reproductions de plusieurs pages de ce merveilleux volume, reproductions tirées d'une grande publication à laquelle l'auteur de la présente étude aura eu l'honneur d'attacher son nom, grâce à MM. les conservateurs du musée Condé[2].

Les peintures exécutées par Pol de Limbourg et ses frères, dans les *Très riches Heures du duc de Berry*, constituent un

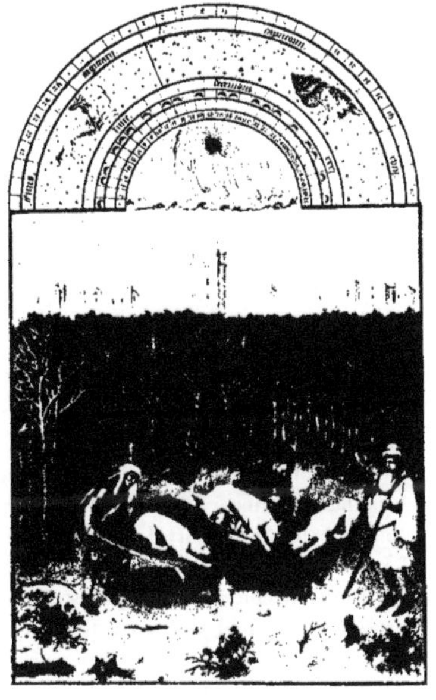

POL DE LIMBOURG ET SES FRÈRES.

LA CURÉE AU BOIS DE VINCENNES

Miniature des *Très riches Heures du duc de Berry*

(Musée Condé, à Chantilly).

1. Certaines de ces miniatures sont depuis longtemps célèbres, par exemple celles des *Mois* du calendrier, qui devaient être prises pour modèles plus tard dans le *Bréviaire Grimani*, et dont fait partie la *Curée au bois de Vincennes*. Nous avons donné plus haut, p. 21 et 31, deux autres peintures des *Très riches Heures*. L'une d'elles, la *Résurrection de Lazare*, nous montre Pol de Limbourg et ses frères ne craignant pas d'aborder, et abordant avec succès un problème toujours singulièrement difficile pour les artistes du moyen âge, une étude de nu.

2. Paul Durrieu, *Chantilly. Les Très riches Heures de Jean de France, duc de Berry*. Paris. Plon. 1904, in-f°, avec une reproduction en couleurs et 64 planches en héliogravures Dujardin.

monument capital, non seulement au point de vue français, mais pour l'histoire générale de la naissance de l'art moderne, tel qu'il doit se développer dans le nord avec les Van Eyck, en Italie avec les Gentile da Fabriano et les Pisanello. Ce que je retiendrai ici, c'est que nous y retrouvons à nouveau la synthèse des trois éléments que j'ai cherché à mettre en lumière au début de ce chapitre.

Avant tout, en effet, l'œuvre est essentiellement française de caractère; et, étant donné sa date, elle n'aurait pu naître nulle part ailleurs que dans le milieu groupé autour de la cour des Valois. Mais les auteurs appartenaient à la catégorie de ces nombreux artistes qui sont venus des pays du nord dans la France royale. Ainsi que je l'expose dans la publication mentionnée plus haut, les trois frères enlumineurs étaient très vraisemblablement des neveux du peintre Jean Malouel, originaires d'une localité du « païs d'Allemaigne » située près de la Meuse. Enfin, ces artistes ont été extrêmement préoccupés par des productions de l'art italien et s'en sont inspirés parfois dans une très large mesure.

Avec les miniatures des *Très riches Heures*, l'art de la peinture en France avait atteint à un très haut degré de perfection. Il semblerait qu'une ère nouvelle dût s'ouvrir à la suite de l'apparition de ces premiers chefs-d'œuvre. Mais, hélas! Pol de Limbourg et ses frères étaient loin d'avoir terminé le manuscrit de Chantilly, quand le duc de Berry mourut, le 15 juin 1416. Cette mort du duc de Berry coïncidait avec une des périodes les plus terribles qu'ait traversées la France. On était alors au plus fort de la lutte fratricide entre les partis de Bourgogne et d'Armagnac, au lendemain du désastre d'Azincourt. Bientôt ce furent l'entrée des Bourguignons à Paris et le massacre des Armagnacs en 1418, puis, en 1419, l'assassinat du duc de Bourgogne à Montereau, et, au milieu de ces événements, la peste, la famine, la ruine générale. C'est ainsi que se termina lugubrement le règne de Charles VI, en 1422.

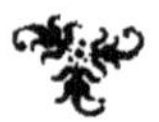

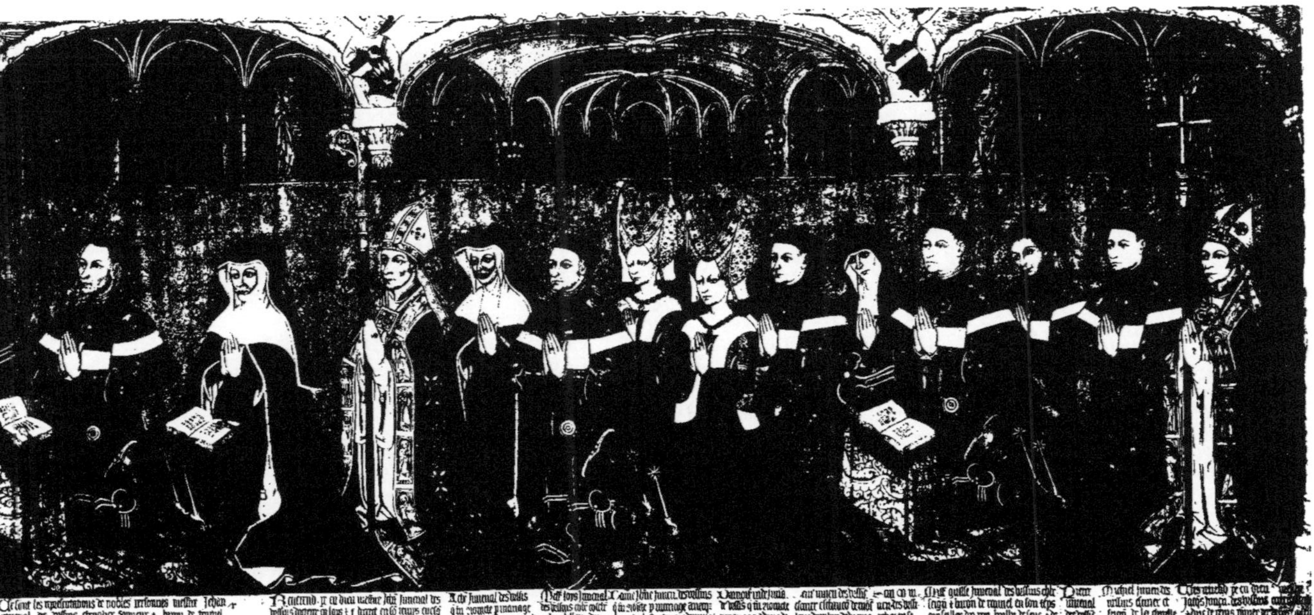

ÉCOLE FRANÇAISE, ENTRE 1445 ET 1449.

PORTRAITS DE JEAN JUVÉNAL DES URSINS, DE SA FEMME MICHELLE DE VITRY ET DE LEURS ONZE ENFANTS

(Musée du Louvre).

CHAPITRE IV

LA PEINTURE EN FRANCE
DEPUIS LES DÉBUTS DU RÈGNE DE CHARLES VII
JUSQU'AUX DERNIERS VALOIS

Es grands traits de l'histoire de l'art sont très souvent les reflets des événements politiques. Le 10 septembre 1419, le duc de Bourgogne Jean sans Peur tombait dans l'entrevue du pont de Montereau, frappé à mort par les partisans du Dauphin Charles, le futur roi Charles VII. Ce meurtre eut, on le sait, d'énormes conséquences.

L'une d'elles, qui nous intéresse au premier chef, fut d'amener une séparation, s'accentuant de plus en plus, entre la branche aînée de la Maison de France, héritière de la couronne royale, et la branche cadette, titulaire du duché de Bourgogne et du comté de Flandre.

Les deux premiers ducs de Bourgogne de la race des Valois, Philippe le Hardi et Jean sans Peur, étaient avant tout des princes de la cour de France, résidant fréquemment à Paris, et, comme nous dirions aujourd'hui d'une manière toute moderne, restant toujours étroitement mêlés au « mouvement parisien ». Après la mort de Jean sans Peur, il n'en sera plus de même. Les ducs Philippe le Bon et Charles le Téméraire joueront le rôle de souverains autonomes, vivant dans une cour à eux. Leurs possessions, comprenant, avec la Bourgogne propre et la Franche-Comté, le groupe plus important encore de la Flandre et des pays voisins, origine des futurs Pays-Bas, formeront un puissant État, qui aura son existence propre, à côté et en dehors du royaume des Fleurs de lis.

Ces changements ont eu leur contre-coup sur le développement des arts. Ils ont détourné le sens des courants qui existaient précédemment.

Au XIVe siècle et jusque dans les premières années du XVe siècle, c'était la France royale, c'étaient les chefs-lieux des duchés et comtés français, comme Bourges ou Poitiers, c'était enfin et surtout la capitale, Paris, qui constituaient les centres d'action rêvés par les artistes de talent nés dans toute la région du nord, jusqu'à la limite de la rive gauche du Rhin. J'ai donné précédemment de nombreux exemples de cette attirance, en expliquant comment ces maîtres, descendus ainsi des régions plus septentrionales vers le siège de la cour de France, se sont trouvés comme absorbés par le milieu français.

Avec les deux derniers ducs de Bourgogne, tout change. Paris cesse d'être le grand objectif des peintres du Nord. Ceux-ci ne s'en vont plus au loin; ils restent dans les cités opulentes où séjourne successivement la cour de Bourgogne et qui se nomment Bruges, Lille, Gand, Bruxelles, La Haye. L'art français et l'art flamand deviennent alors deux provinces distinctes dans le domaine de l'histoire de l'art, provinces entre lesquelles bien des rapports persisteront encore assez longtemps, mais qui poursuivront désormais leur épanouissement, chacune indépendamment de l'autre.

Dans le royaume de France même, les conditions se modifient beaucoup pour les artistes. « Grant chose estoit de Paris, dit un écrivain du temps, Guillebert de Metz, quant les roys de France, de Navarre et de Sicile, plusieurs ducs, comtes, prélats et autres seigneurs notables fréquentoient illec assidument. » Hélas! ces beaux jours n'étaient plus pour la capitale; celle-ci perdit, de ce chef, sa suprématie séculaire dans le domaine des arts.

Les rois de France les premiers donnèrent l'exemple de la désertion de Paris. « Le roi de Bourges », c'est sous ce nom, on le sait, que Charles VII, dans les débuts si difficiles de son règne, était désigné d'une façon dérisoire par ses adversaires. Changez un peu le sens historique de cette désignation; prenez « roi de Bourges » comme antithèse de « roi de Paris »; entendez par cette formule le roi qui préfère habiter la province, le roi qui aime mieux voir sa cour établie auprès des bords de la Loire et de ses affluents que sur les rives de la Seine, le roi qui abandonne volontiers le vieux Louvre pour les châteaux du Berry et de la Touraine;

vous aurez un trait de caractère qui s'applique non seulement à Charles VII,
mais à tous ses successeurs, jusqu'au XVIe siècle. Pour gagner la faveur du
souverain, ce n'est plus avant tout à Paris qu'il faudra se rendre, comme

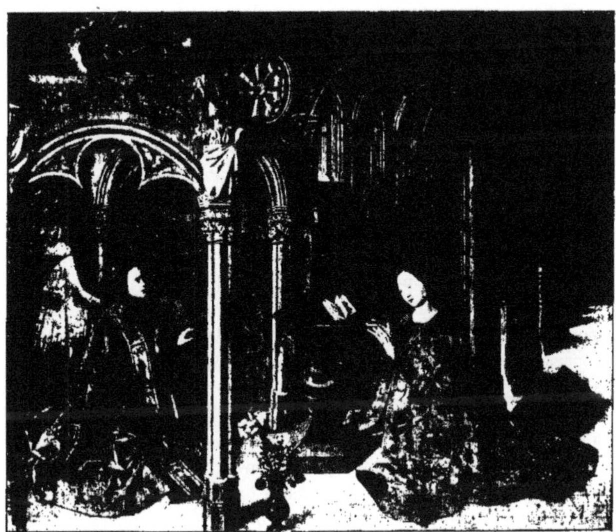

ÉCOLE DE BOURGES. — L'ANNONCIATION
(Église de la Madeleine, à Aix-en-Provence).

au temps de Charles V et de Charles VI. De Bourges ou de Tours, tout aussi
bien que de la capitale, sinon beaucoup mieux encore, les artistes seront
à portée de la manne si recherchée des commandes royales. La nature
même semblera se complaire à seconder les préférences des souverains
français. Ce sera au cœur des provinces où ces souverains aimeront le
mieux à résider, dans la Touraine, que naîtra un des triomphateurs de

l'Exposition des Primitifs, Jean Fouquet, le plus grand des peintres français du xvᵉ siècle.

Déjà aidée par les habitudes de la cour de France, cette diffusion de l'art dans les provinces, cette sorte de décentralisation, si j'ose employer ce mot rébarbatif, sera encore favorisée par les conditions de vie des grands seigneurs, à commencer par les plus importants de tous, les princes du sang.

Les pères, les aïeux de ceux-ci, sous Charles V et sous Charles VI, se complaisaient à habiter des hôtels qu'ils avaient à Paris. Les fils et les petits-fils, contemporains des Charles VII, des Louis XI, des Charles VIII et des Louis XII, préféreront de beaucoup, au contraire, leurs apanages et leurs domaines provinciaux; et comme ils aimeront les arts, qu'ils sauront les encourager, autour de chacun d'eux se créeront des centres d'activité qui disperseront à peu près à travers toute la France les peintres et les enlumineurs.

Une pareille dissémination des talents, au xvᵉ siècle, entre un grand nombre de centres ou petites écoles locales, rend naturellement plus compliquée l'étude du développement de l'art dans notre pays à cette époque. La difficulté ne serait pas insurmontable encore, si, comme le fait se passe pour l'Italie par exemple, nous avions pour nous guider des tableaux signés, ou attribués formellement à tel artiste par un document, à tout le moins si nous possédions des œuvres dont la provenance soit certaine. Hélas ! c'est précisément ce qui manque le plus. Sauf quelques précieuses exceptions, beaucoup trop rares malheureusement, toutes les peintures de ce temps nous arrivent sous le voile de l'anonymat, sans origine connue, ou, ce qui est pis encore, avec de prétendues origines qui ne sont que des légendes. Les questions de dates probables elles-mêmes sont très loin d'être fixées d'une façon précise.

En resterons-nous toujours là ? Nous avons le droit d'espérer le contraire. Les archives, quoiqu'on les ait déjà bien interrogées, nous gardent peut-être des surprises. En tout cas, nous avons une réserve immense d'indications à mettre en œuvre ; je veux parler de ces manuscrits à miniatures dont j'ai déjà signalé l'importance capitale à cet égard. A l'encontre des panneaux peints, qui nous arrivent presque toujours dénués d'état civil, sans indication de nom, ni d'âge, les manuscrits offrent très souvent des éléments fixant la date et la contrée d'origine. C'est par la transporté fort loin du pays de Jacques Cœur, jusqu'à Aix-en-Provence, dans l'église de la Madeleine.

Cette *Annonciation* de l'école de Bourges nous montre, par bien des particularités de dé-
tail, la persistance des traditions de la glorieuse époque du duc Jean de Berry, telles qu'elles avaient trouvé leur suprême expression dans les *Très riches Heures* de Chantilly, sous les pinceaux de Pol de Limbourg et de ses frères.

Ces traditions avaient aussi rayonné dans d'autres pro-vinces, par exemple du côté de l'Au-vergne et vers l'Ouest, dans les domaines de la Maison des ducs d'Anjou, rois de Si-cile.

En ce qui con-cerne le côté de l'Au-vergne, on pouvait voir à l'Exposition une peinture à la dé-trempe de *la Vierge*

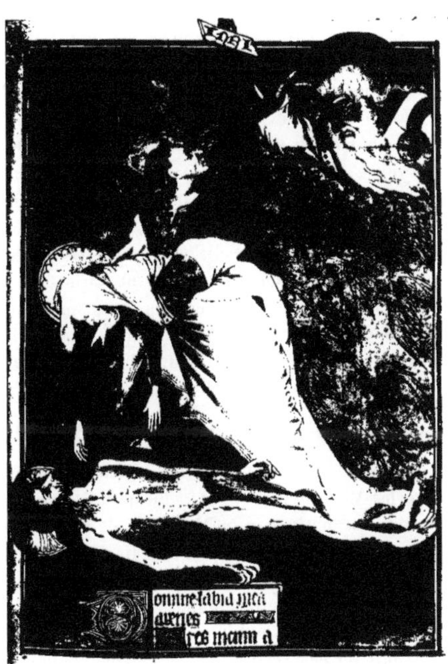

ENLUMINEUR AYANT TRAVAILLÉ A ANGERS.
MINIATURE TIRÉE DES « HEURES DE ROHAN »
Ms. latin 9471 de la Bibliothèque nationale.

protectrice, appartenant au Musée du Puy (P. M., n° 28), et des relevés, fournis par la commission des Monuments historiques, de fresques assez grossières d'exécution, mais très curieuses de composition, qui se trouvent dans la crypte de l'église de Saint-Bonnet-le-Château (P. M., n°⁵ 432 et 433).

Quant aux artistes qui ont travaillé dans l'Ouest, autour d'Angers et de la cour des ducs d'Anjou, l'un d'eux brillait au Pavillon de Marsan avec un portrait à l'aquarelle du duc Louis II d'Anjou, père du roi René (P. M., n° 26, appartenant au Cabinet des estampes), profil dessiné d'une main sûre, encore compris comme l'admirable portrait du duc Jean de Berry qui est sur la première page des *Très riches Heures* de Chantilly; un autre, un enlumineur au talent incorrect mais plein de fougue et d'expression, très personnel et en somme très attachant, était représenté à la Bibliothèque nationale par son œuvre capitale, un livre d'heures exécuté pour un membre de la famille de Rohan (B. N., n° 89), auquel nous empruntons la *Pietà*, d'un sentiment si accentué, dont nous donnons la reproduction.

Un centre, où les traditions de l'âge précédent se maintinrent également pendant de très longues années, fut Paris. Sans doute Paris, nous l'avons dit, était bien déchu de son ancienne prédominance. Les artistes qui y résidaient, tels que les enlumineurs, étaient les premiers à le constater eux-mêmes [1]. Mais la capitale de la France n'en conservait pas moins une activité encore très grande.

Ce qui contribua à entretenir cette activité, c'est la continuité de l'existence, pendant près d'un demi-siècle, d'un des principaux ateliers qui avaient été fondés à Paris, bien longtemps déjà avant la mort de Charles VI. Cet atelier est celui que, d'après nos recherches, aurait créé et dirigé le petit Jean ou Haincelin de Haguenau. Haincelin, qui demeurait à Paris « en Quinquempoit », était déjà réputé pour son talent en 1404. En 1448, Jean Haincelin reste encore un des enlumineurs en renom de la capitale. Durant cette longue période, bien des événements se passèrent Paris fut soumis à la domination anglaise, puis revint à Charles VII. Sous le coup de ces révolutions, les plus habiles des enlumineurs parisiens suivirent le précepte de La Fontaine :

> Le sage dit, selon les gens :
> Vive le roi ! vive la ligue !

Ils travaillèrent successivement pour des clients appartenant aux partis politiques les plus divers. Deux manuscrits exposés à la Biblio-

1. Cf. Paul Durrieu, *Un grand enlumineur parisien au XV⁵ siècle*. Paris, 1892, in-8°, p. 40.

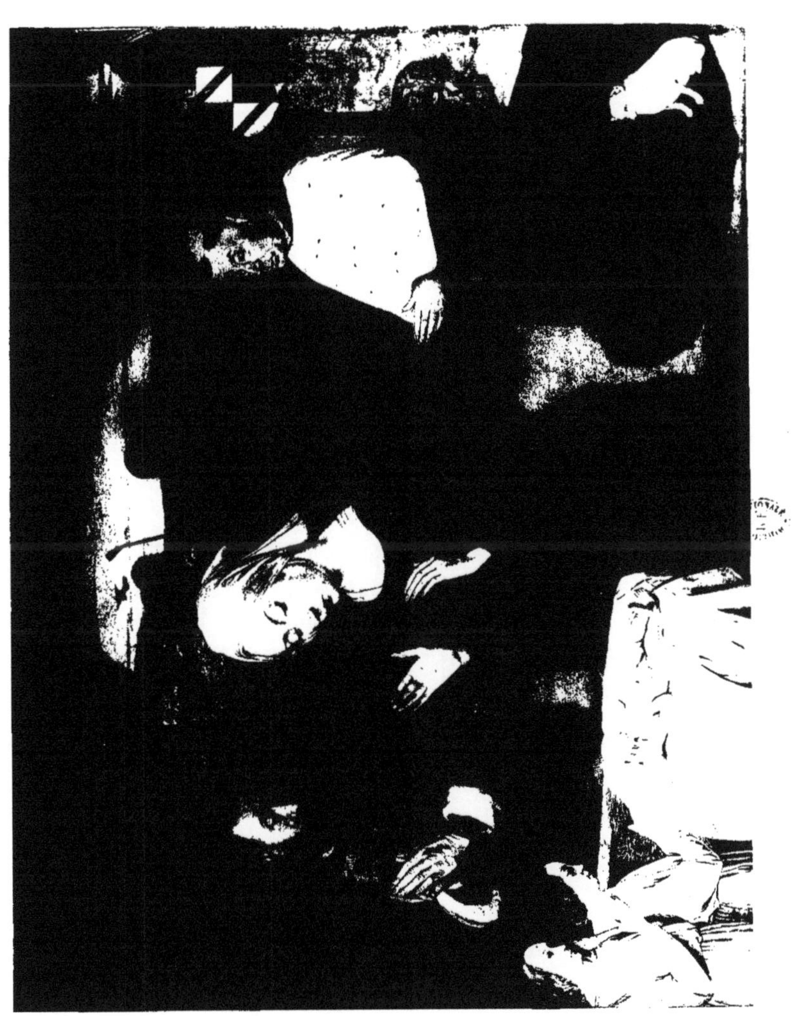

thèque nationale, le somptueux *Bréviaire de Salisbury*, appartenant à la Bibliothèque, et un charmant livre d'heures prêté par M. Yates Thompson (B. N., nᵒˢ 106 et 115) en donnent un piquant exemple. Ces deux manuscrits sortent certainement d'un même atelier parisien; mais l'un d'eux a été exécuté pour l'homme en qui s'incarnait la domination anglaise en France, le régent, duc de Bedford, tandis que l'autre, un peu plus récent, a été peint au contraire pour un des plus ardents adversaires des Anglais, un des plus fidèles amis de Jeanne d'Arc, le célèbre Dunois.

A côté des vieux maîtres, vécurent aussi à Paris, dans le second tiers du xvᵉ siècle, des artistes plus jeunes, plus dégagés des anciennes doctrines. Les œuvres de plusieurs de ceux-ci se distinguent, dans le rendu des têtes, par quelque chose de sec, de trop précis, de trop appuyé dans les détails. Le tableau de famille des Juvénal ou Jouvenel des Ursins, au Musée du Louvre, dont nous donnons la reproduction, en est un exemple typique.

Il ne serait peut-être pas téméraire de songer à expliquer cette sécheresse par quelque influence venue du Nord ou de l'Est. A ce propos, sans prétendre aucunement proposer la moindre attribution, j'attirerai l'attention sur la présence à Paris, vers 1450, de deux artistes, deux frères, l'un peintre, l'autre enlumineur, qui ont dû être, d'après les documents, des maîtres en vogue, et dont l'un porte un prénom bien germanique. Les deux frères étaient Conrad de Vulcop, peintre en titre du roi Charles VII, et Henri de Vulcop, enlumineur de la reine Marie d'Anjou.

La provenance tout au moins rattache encore à Paris un monument très important, que l'Exposition des Primitifs a permis enfin de pouvoir examiner de près. Je veux parler du fameux retable du Palais de Justice (P. M., nᵒ 355). Il faudrait consacrer toute une étude à ce grand panneau. Je me bornerai à dire que l'on ne me paraît pas peut-être avoir apprécié à sa juste valeur cette œuvre réellement très forte d'exécution, que c'est aussi vouloir beaucoup trop la rajeunir que de proposer, comme le catalogue de l'Exposition, d'en fixer la date vers 1480. On saura ce qu'il faut penser de la question de cette date, lorsqu'on aura procédé aux rapprochements nécessaires, lorsqu'on se sera avisé, par exemple, — ce que nous sommes, croyons-nous, le premier à suggérer, — de faire intervenir dans le débat, comme pièce de comparaison, le délicieux petit diptyque peint pour

Jeanne de France, fille de Charles VII et duchesse de Bourbon, qui est conservé à Chantilly, au Musée Condé.

Au nord de Paris, durant le XVᵉ siècle, des régions furent riches et prospères, conditions propres à favoriser le développement de l'art. Mais nous arrivons ici à un terrain glissant, sur lequel je n'oserai pas m'aventurer. Il y a, en effet, une question très délicate de répartition géogra-

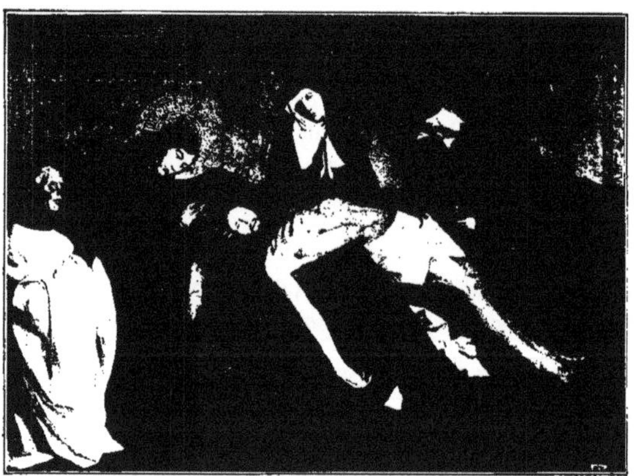

ÉCOLE D'AVIGNON. — PIETA, AVEC PORTRAIT D'UN DONATEUR
(Tableau de l'hospice de Villeneuve-lès-Avignon).

phique, à la fois au point de vue politique et au point de vue intellectuel : où doit se placer la limite entre les deux zones, qui se touchent dans cette direction, la zone encore française et la zone déjà flamande ?

Le doute se pose surtout pour l'Artois. Au XVᵉ siècle, il ne faut pas l'oublier, l'Artois faisait partie des États de la Maison de Bourgogne ; il était englobé, par conséquent, dans la même sphère d'influence que la Flandre elle-même, bien plus que dans la sphère proprement française. L'Exposition reflétait cette incertitude. Je ne veux pas faire ici œuvre de polémique : cependant la vérité m'oblige à dire que la moderne Belgique a des droits incontestables à réclamer certaines des pièces qui étaient

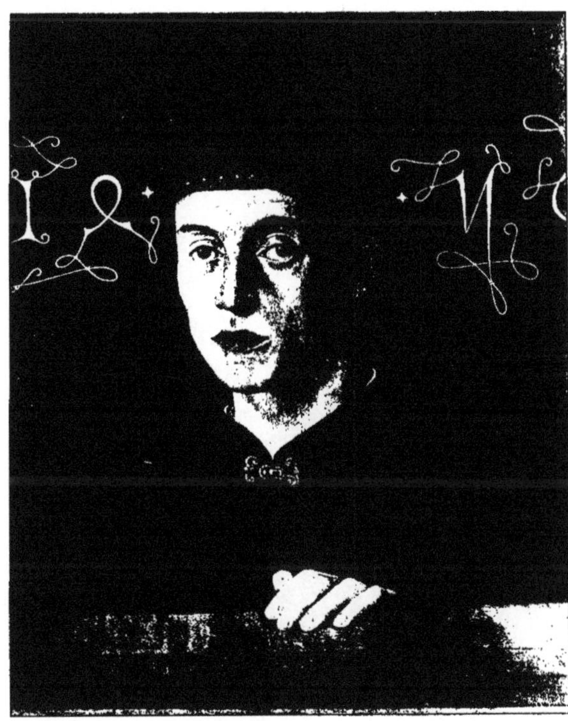

JEAN FOUQUET ?. — PORTRAIT PRÉSUMÉ DE JEAN ROBERTET
Galerie Liechtenstein, a Vienne.

inscrites à l'Exposition sous les désignations d'école d'Artois, d'école de
Picardie ou d'école d'Amiens.

Une difficulté non moins grande se présente aussi pour ce que l'on

veut appeler l'école de Bourgogne. On a trop confondu la Bourgogne
en tant que région et les ducs de Bourgogne. De ce qu'un artiste a travaillé pour ces ducs, fût-ce dans leur duché même, il ne s'ensuit pas du
tout qu'on doive le considérer comme un Bourguignon, en prenant le terme dans le sens géographique.

Ainsi, dans le second quart du XV siècle, deux artistes occupèrent officiellement le premier rang à Dijon, l'un comme peintre, l'autre comme enlumineur en titre du duc Philippe le Bon. Or, tous deux étaient étrangers au pays. Le peintre, Henri Bellechose, était venu du Brabant; quant à l'enlumineur, Jean de Pestivien, c'était un Parisien. Le fait ne donne-t-il pas à penser, d'autant qu'il est loin d'être le seul du même genre?

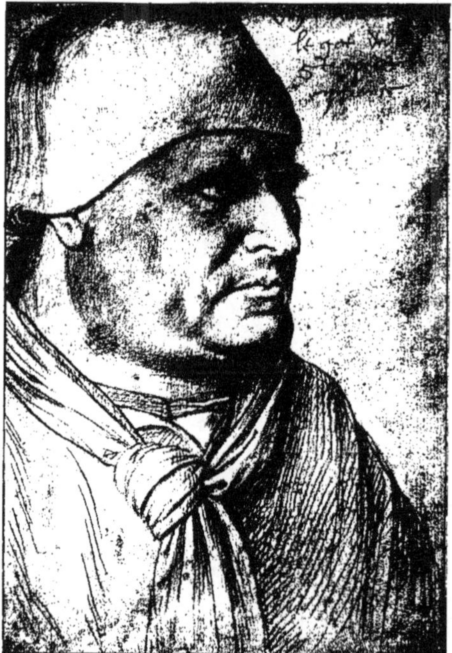

Nous nous retrouvons sur un terrain beaucoup plus solide, en quittant
la Bourgogne pour descendre la vallée du Rhône jusqu'à Avignon et la
Provence. Les travaux de M. l'abbé Requin ont démontré combien l'art

de la peinture a été florissant dans cette région. Avignon surtout fut un centre extrêmement important, qui offre ce double caractère, propre aux grands foyers d'art, d'avoir attiré, avec les artistes nés dans la région, des peintres venus de loin, parisiens, lorrains, flamands, hollandais, toscans et lombards, et en même temps d'avoir eu assez de vitalité pour agir sur

ces adeptes d'origines diverses, au point de leur imprimer à tous, pour leurs œuvres, une marque commune d'école.

Cette école d'Avignon a été magnifiquement représentée à l'Exposition des Primitifs. Là brillait un de ces maîtres qui étaient arrivés du nord sur les bords du Rhône, Enguerrand Charonton, originaire de Laon, avec son panneau de la *Glorification de la Vierge*, peint en 1453 P. M., n° 71. A côté de lui, se rangeait un enfant de la contrée,

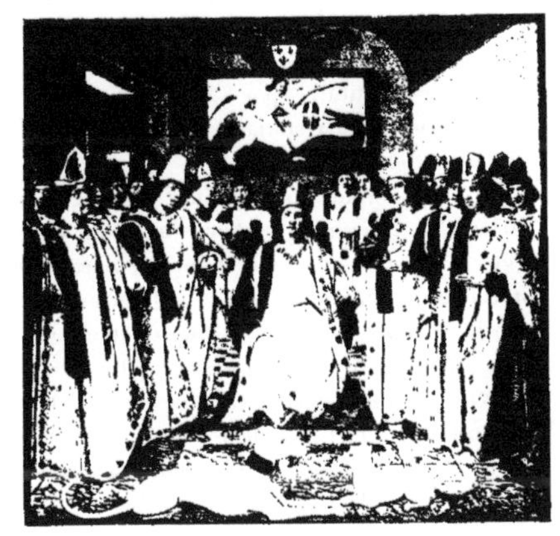

(Miniature placée en tête du Ms. français 19819 de la Bibliothèque nationale.)

Nicolas Froment, d'Uzès. De ce dernier, l'Exposition montrait plusieurs œuvres, le triptyque capital du *Buisson ardent*, de la cathédrale d'Aix P. M., n° 78, qui fut peint pour le roi René, en 1475-1476, une superbe figure de *Saint Siffrein*, prêtée par le Grand Séminaire d'Avignon P. M., n° 76, le diptyque des *Matheron*, du musée du Louvre P. M., n° 79. Il se pourrait qu'il y ait eu aussi à l'Exposition une création d'une première période du maître, plus ancienne que le *Buisson ardent* de quelques quinze ans, dans une *Résurrection de Lazare* prêtée par M. Richard von Kauffmann P. M., n° 81.

D'autres précieux morceaux de l'école d'Avignon sont venus à Paris, encore enveloppés, en ce qui concerne la personnalité de leurs auteurs, du voile de l'anonymat.

L'espace me manque pour les énumérer tous, mais il faut au moins signaler, en la mettant hors pair, l'admirable *Pietà*, avec un donateur, de l'hospice de Villeneuve-lès-Avignon (P. M., n° 77). Par la largeur et la puissance de l'exécution, surtout dans la figure du donateur, par l'intensité de l'expression dramatique, cette *Pietà* s'élève au-dessus du niveau atteint dans leurs peintures par Charonton et même par Froment. C'est, dans l'état actuel de nos connaissances, l'œuvre maîtresse de l'école à laquelle elle appartient.

Pour terminer notre rapide tour de France, il nous reste encore à parler d'une province, la Touraine. Plus encore qu'Avignon, la Touraine a été favorisée dans le domaine des arts, puisque c'est elle qui a eu le privilège de donner naissance à Jean Fouquet

Je ne rappellerai pas ici tout ce que nous savons à ce jour concernant Jean Fouquet. M. Paul Leprieur a jadis consacré au maitre de Tours dans la *Revue de l'art ancien et moderne*[1] un travail magistral, auquel je ne puis qu'engager le lecteur à se reporter, en mentionnant aussi les belles études de M. G. Lafenestre, dans la *Revue des Deux-Mondes*, et de M. H. Bouchot, dans la *Gazette des Beaux-Arts*.

Il y eut dans la vie de Jean Fouquet une circonstance décisive, c'est le voyage qu'il fit en Italie entre 1443 et 1447, voyage où il eut l'occasion de connaître, soit personnellement, soit au moins par leurs œuvres, des grands maîtres italiens tels que Fra Angelico. Avant son départ pour l'Italie, à quel point de talent en était déjà Jean Fouquet? Sans donner de réponse formelle à la question, certains manuscrits peuvent être interrogés à cet égard[2]. Un de ces manuscrits, la *Mer des histoires*, était exposé à la Bibliothèque nationale (P. N., n° 108). Qu'a rapporté Fouquet d'Italie? Sur ce point, les miniatures du maître fournissent les indices les plus intéressants à étudier. Je citerai seulement un *Buste de Christ*, exposé au Pavillon de Marsan (P. M., n° 39). L'œuvre porte au plus haut degré, notamment

1. Voir la *Revue*, t. I, p. 25, et t. II, pp. 15, 147 et 347.
2. Pour plus de détails, consulter mon travail sur la *Question des œuvres de jeunesse de Jean Fouquet*, Paris, 1904, in-4°. Extrait du *Recueil de mémoires* publié par la Société des Antiquaires de France à l'occasion de son Centenaire.

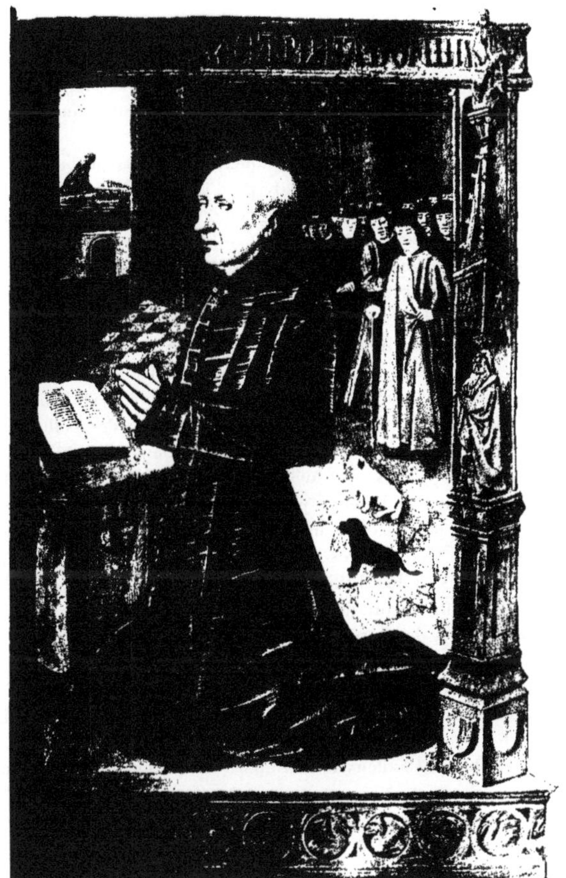

COLLABORATION D'UN PEINTRE AVEC UN ENLUMINEUR DE MÉTIER.
PORTRAIT DE LOUIS DE LAVAL, SEIGNEUR DE CHATILLON

Ms. latin 920, f° 51, de la Bibliothèque nationale.

dans le dessin de la bouche et des mains, la marque du style personnel à Jean Fouquet, et cependant, par sa conception générale, par l'accord des tons, elle offre, à travers l'interprétation très française, un souvenir évident des *Christs* de Fra Angelico.

Un des côtés du talent de Fouquet, qui frappa surtout ses contemporains, fit son succès dans son voyage d'Italie et lui valut l'honneur de la faveur du pape Eugène IV, fut sa grande supériorité dans le genre du portrait d'après nature.

C'est aussi comme portraitiste que Fouquet triomphait dans la section de l'Exposition installée au Pavillon de Marsan. Un panneau réunissait dans un ensemble unique, que l'on n'avait jamais vu, que l'on ne reverra sans doute jamais, tout, absolument tout ce qui est actuellement connu en fait de peintures proprement dites susceptibles d'avoir été attribuées au grand maître de Tours. Inspirés par une générosité que l'on ne saurait assez proclamer, les Musées d'Anvers et de Berlin et des collectionneurs de l'étranger avaient consenti à permettre la comparaison des trésors qu'ils possèdent avec ceux que détient le Louvre. Ce groupement a classé définitivement Jean Fouquet parmi les artistes qui ont su le mieux scruter et rendre la physionomie humaine. Quel sentiment de la nature, quelle puissance de vie, dans ces portraits (P. M., nᵒˢ 38, 41, 45) de Charles VII, de Juvénal des Ursins, d'Étienne Chevalier accompagné de son saint patron ! Plus étonnants encore de réalisme sont le portrait d'un homme inconnu tenant un verre de vin, qu'avait envoyé M. le comte Wilczeck (P. M., nᵒ 43) et un autre portrait, devenu célèbre, prêté par S. A. S. le prince de Liechtenstein (P. M., nᵒ 51), dont le visage, surtout en ce qui concerne un léger strabisme des yeux, rappelle beaucoup la physionomie de Jean Robertet, secrétaire des rois Charles VII et Louis XI, et greffier de l'Ordre de saint Michel. Ces deux derniers portraits étaient aussi catalogués sous le nom de Fouquet. Mais un connaisseur émérite, M. Georges Hulin, me paraît avoir démontré qu'il est bien difficile de les croire de la même main que le *Charles VII*, le *Juvénal des Ursins* et l'*Étienne Chevalier*.

En revanche, j'estime que nous pouvions trouver une preuve du génie de Fouquet comme portraitiste dans un admirable dessin, obligeamment prêté par M. Heseltine (P. M., nᵒ 44), qu'une inscription contemporaine nous dit représenter un légat du pape en France.

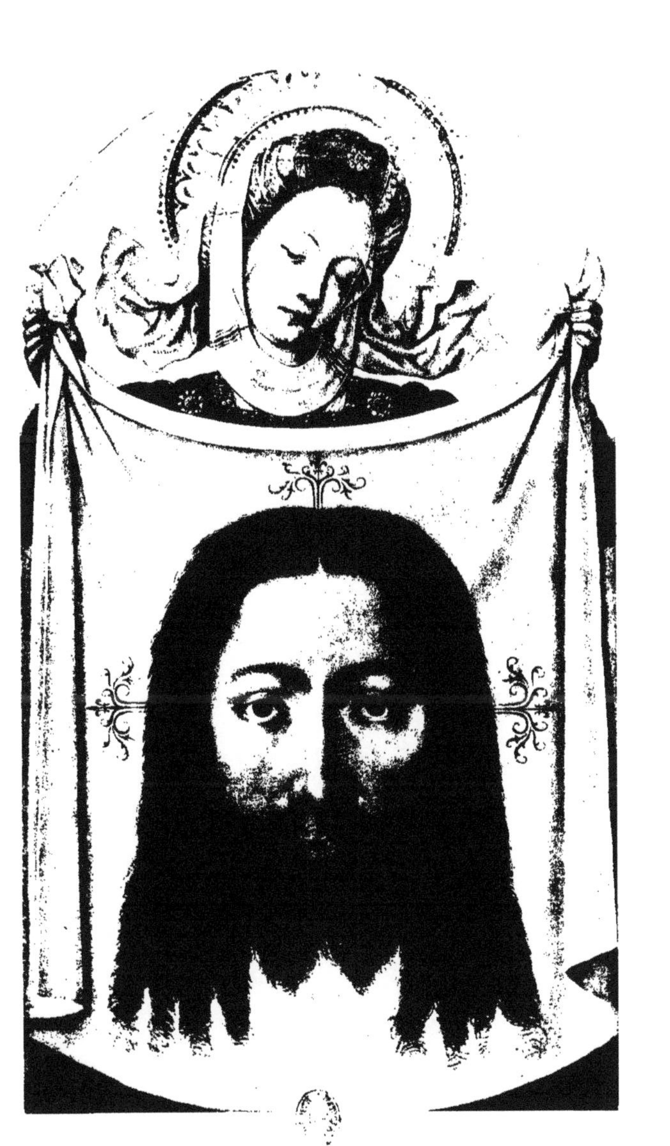

Au milieu des portraits peints se détachait une peinture religieuse,
la célèbre *Vierge* d'Anvers (n° 40) qui, suivant la tradition, constituait jadis,
avec l'*Étienne Chevalier* de Berlin, un diptyque placé dans l'église Notre-
Dame de Melun. Faut-il dire toute ma pensée ? J'avoue que cette *Vierge*
me paraît une œuvre médiocre, très inférieure en tout cas aux portraits
d'hommes. Il faut tenir compte, il est vrai, des altérations du temps qui ont
pu en dénaturer les mérites. Mais, malgré tout, cette Vierge a dû toujours
avoir un aspect bien maussade. Ce défaut se retrouve d'ailleurs assez
souvent, pour les figures de femmes, dans les miniatures du maître. Cependant Jean Fouquet n'était pas insensible à la grâce féminine. J'invoquerai
à cet égard une miniature d'un livre d'heures, exposé au Pavillon de Marsan (P. M., n° 49), dont le burin de M. Burney donne, en tête de cette
étude, une très délicate et fidèle reproduction, et qui nous montre en
prières devant la Vierge, suivie de deux de ses femmes, une grande
dame, Anne de Beaujeu, fille du seigneur d'Amplepuis, mariée en premières noces avec le maréchal de France Philippe de Culant, veuve de
celui-ci en 1453, remariée alors à Jean de Baudricourt, futur maréchal de
France, fils du célèbre Baudricourt de Jeanne d'Arc.

D'autres miniatures de Jean Fouquet figuraient encore au Pavillon de
Marsan ; ce sont deux fragments, appartenant au Louvre, du *Livre d'Heures
d'Étienne Chevalier* (P. M., n° 40) et quatre très belles pages d'un manuscrit de grand format, tirées de la précieuse collection de M. Yates
Thompson (P. M., n° 354). Mais c'est surtout à la Bibliothèque nationale
qu'il fallait aller étudier Jean Fouquet faisant œuvre d'enlumineur. Là se
trouvait la seule de ses productions qui soit authentiquée par un document :
les illustrations des *Antiquités juives de Josèphe* (B. N., n°ˢ 128 et 129). Là
aussi on rencontrait un de ses plus parfaits chefs-d'œuvre, le *Louis XI
tenant un chapitre de l'Ordre de saint Michel*, miniature formant le fron-
tispice d'un exemplaire des statuts de cet Ordre (B. N., n° 132).

Toutes ces œuvres diverses justifient amplement le rang accordé
à Jean Fouquet dans l'histoire de l'art français. Cependant, il ne faudrait
pas oublier qu'à côté de lui, vivant à la même époque, travaillant aussi
pour la cour de France, ont vécu d'autres artistes jouissant également d'une
grande réputation. Tel est le cas pour Jean Le Sage, « peintre très exquis
du roy de France Loys ». Tel est le cas surtout pour Colin d'Amiens.

Comme Fouquet, Colin d'Amiens, d'après un curieux document, paraît avoir été un remarquable portraitiste, plus porté à rendre strictement la nature qu'à flatter ses modèles. L'Exposition permettait d'apprécier ce que savaient faire ces portraitistes français, distincts de Jean Fouquet. J'ai dit que l'ancienne attribution à Fouquet des précieuses peintures, prêtées par S. A. S. le prince de Liechtenstein et par le comte Wilczeck, était désormais très sérieusement mise en discussion. En tout cas, le maître de Tours n'est certainement pour rien dans un panneau représentant un *Seigneur tenant une flèche*, envoyé par le Musée d'Anvers (P. M., n° 47). Je ne reconnais pas non plus sa touche dans un autre morceau, d'ailleurs superbe, un portrait de Louis de Laval, seigneur de Châtillon, grand maître des eaux et forêts de France, que nous offre une miniature d'un livre d'heures exposé à la Bibliothèque (B. N., n° 153).

La miniature, dans son ensemble, est l'œuvre d'un enlumineur de métier; mais la tête du personnage principal a été peinte à part par un artiste de bien autre envergure, évidemment un peintre proprement dit; et celui-ci a produit un chef-d'œuvre de réalisme que n'eût pas désavoué Jean van Eyck lui-même.

Dans la même salle où étaient les portraits enregistrés sous le nom de Fouquet, un autre panneau attirait également tous les yeux et constituait un des « clous » de l'Exposition. C'est le panneau où étaient groupées les œuvres cataloguées sous le nom de « maître de Moulins » ou « maître des Bourbons ».

C'est une question qui devra être reprise, pour être discutée de très près, de savoir si ces œuvres sont d'un unique maître, ou bien si elles ne font qu'appartenir à une même école, sans être toutes d'une seule main.

Sans aborder ici l'examen scientifique, rappelons quelle admiration unanime a suscitée cette partie de l'Exposition des Primitifs français. Là étaient réunies des œuvres exquises; là se trouvait, en quelque sorte, l'équivalent de ce qu'étaient, à l'exposition de Bruges, en 1902, les panneaux réservés aux œuvres de Memling. N'est-ce pas une vraie perle, un chef-d'œuvre délicieux de sentiment intime, que cette *Nativité* de l'évêché d'Autun (P. M., n° 103), peinte pour le cardinal Rolin? Quel magnifique ensemble que le triptyque de Moulins (P. M., n° 112), dont nous avons précédemment donné une reproduction complète! Quelles créations, empreintes du meilleur

naturalisme français, en même temps que parées de tous les charmes d'une
exécution très savante et d'une couleur enchanteresse (P. M., n°° 104 à 109),

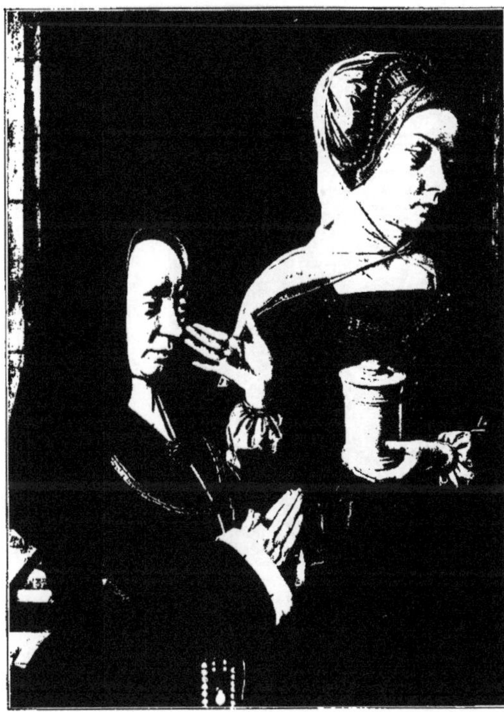

(Musée du Louvre.

que ces portraits du duc Pierre de Bourbon et de sa femme la dame de
Beaujeu, de *l'avoué de saint Victor* que je crois être Charles III d'Anjou,

de la petite Suzanne de Bourbon, de cette dame accompagnée de sainte Madeleine, dont nous saluons avec joie l'acquisition par le musée du Louvre, et que cette Vierge de l'ancienne collection Huybrechts, libéralement prêtée par le Musée de Bruxelles !

Des traits caractéristiques du triptyque de Moulins, certains plis cassés très particuliers, certaines expressions de visage, se retrouvent encore dans d'autres peintures exposées au Pavillon de Marsan, par exemple la *Véronique*, que nous reproduisons (P. M., n° 114), dans laquelle, si la face du Christ semble dénoter une influence flamande, la physionomie de la jeune femme est toute pétillante du plus pur esprit français. Ces mêmes traits persistent même, en ce qui concerne le type prêté aux Anges, dans une peinture qui est déjà du

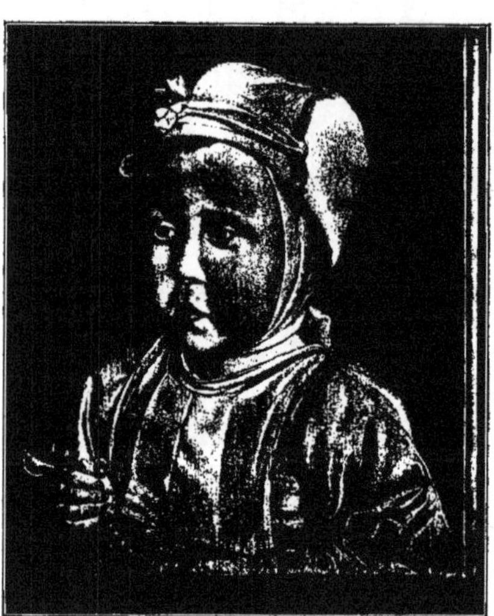

JEAN BOURDICHON. — LE DAUPHIN CHARLES ORLANT
(Peinture sur bois, appartenant à M. Ayr).

XVIe siècle, le panneau d'*Abraham, Sara et l'Ange* (P. M., n° 136), également reproduit par nous.

Au même groupe avait été rattaché, par la place qui lui était assignée, un des bijoux de l'Exposition, une *Assomption*, de très petites dimensions et d'une extrême finesse, appartenant à M. A. Quesnet (P. M., n° 111). Cette œuvre charmante reste à étudier. J'ai des raisons de croire — et je le dis ici pour prendre date — qu'elle devrait être restituée à un peintre

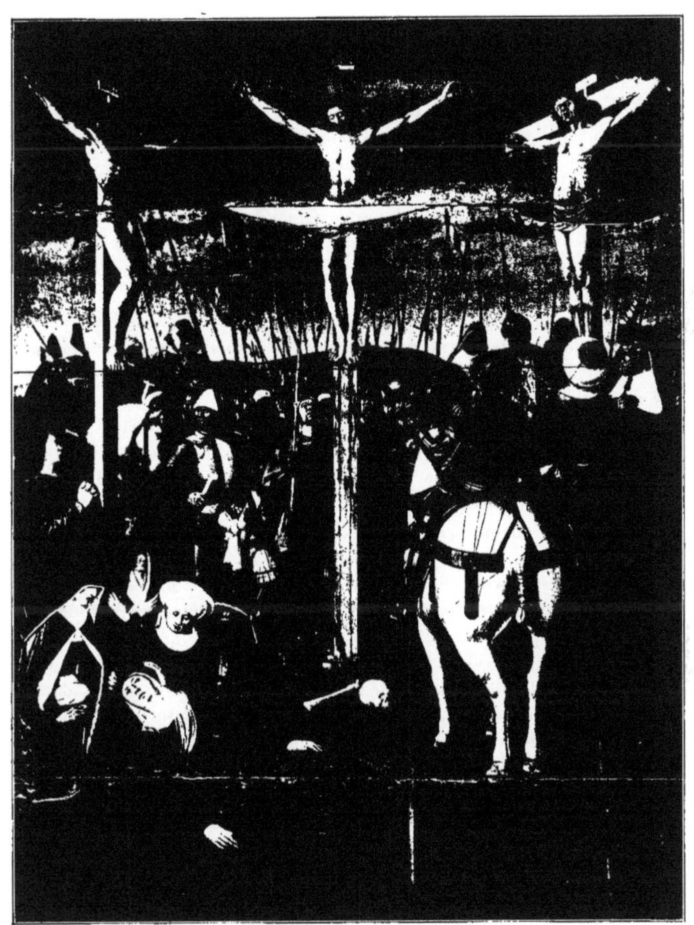

ÉCOLE DE TOURS (JEAN BOURDICHON OU JEAN POYET ?). — CALVAIRE
MILIEU D'UN TRIPTYQUE
(Église Saint-Antoine, à Loches)

aussi profondément oublié aujourd'hui qu'il fut estimé en son temps, « maître Michel ».

Les créations de Jean Fouquet et les œuvres réunies sous le nom du « maître de Moulins » marquent le point culminant atteint dans son développement par la vieille école française. Immédiatement après elles, le niveau s'abaisse.

Il y eut cependant encore, sous les règnes de Charles VIII, de Louis XII, et durant la première moitié de celui de François Iᵉʳ, bien des peintres, bien des enlumineurs, qui s'efforcèrent de tenir haut et ferme le drapeau de l'art dans notre pays, continuant les traditions d'intelligent naturalisme en honneur au temps de Jean Fouquet.

Les documents fournissent à cet égard un certain nombre de noms, à commencer par ceux de deux peintres officiels de la cour de France, Jean Bourdichon et Jean Perréal.

L'attribution à Jean Perréal a été proposée un peu à tort et à travers pour plusieurs des peintures qui figurèrent à l'Exposition. Les uns, sous l'influence d'une théorie de M. Bancel, ont voulu donner à Perréal, à cause de la présence d'un monogramme I. P., deux tableaux (P. M., nᵒˢ 137 et 138), qui rappellent surtout, pour des connaisseurs tels que MM. Camille Benoît et Georges Hulin, des œuvres conservées à Bruges, au couvent des Sœurs-Noires. D'autres, parmi lesquels j'avoue être disposé à me ranger, ont été tentés de reconnaître dans Perréal l'auteur de certaines des admirables peintures auxquelles on attache l'étiquette du « maître de Moulins ». Dans l'état actuel des choses, s'il est une pièce pour laquelle on ait le plus de raisons plausibles de prononcer le nom de Perréal, c'est l'exquise miniature peinte pour Charles VIII en tête d'un exemplaire des statuts de l'Ordre de saint Michel, et j'ai fait remarquer plus haut, en signalant et en reproduisant cette miniature, qu'elle offre bien des rapports de style avec le triptyque de Moulins.

Pour Jean Bourdichon, nous sommes plus heureux : nous avons des spécimens certains de son talent. Une pièce d'archives le désigne comme l'auteur des miniatures du fameux *Livre d'heures de la reine Anne de Bretagne*, exposé à la Bibliothèque (B. N., nᵒ 178).

En prenant comme point de comparaison ces *Heures de la reine Anne*, M. Émile Mâle a proposé récemment de restituer à Jean Bourdichon les miniatures de trois autres beaux volumes, également exposés à la Bibliothèque B. N., nᵒˢ 176, 177 et 179. J'irais volontiers plus loin et, parmi les œuvres ayant figuré à l'Exposition, je serais disposé à reconnaître encore la main de Jean Bourdichon dans un portrait du petit dauphin Charles Orlant, fils d'Anne de Bretagne et de Charles VIII (P. M., nᵒ 110), peinture d'un réalisme naïf et délicieux, dans quatre miniatures détachées exposées par M. Jean Masson (P. M., nᵒ 125), enfin dans les illustrations d'un manuscrit renfermant le poëme de Jean Marot sur la soumission de Gênes (B. N., nᵒ 189).

Le nom de Bourdichon a été également mis en avant à propos d'une peinture importante (P. M., nᵒ 69), le triptyque de l'église Saint-Antoine de Loches, représentant au centre le *Calvaire*, à gauche un *Portement de croix*, à droite une *Mise au tombeau*. La peinture, qui est datée de 1485, offre tous les caractères de l'école tourangelle à laquelle appartenait Jean Bourdichon. Mais il est prudent de se demander s'il ne faudrait pas songer, pour le tableau de Loches, à un autre artiste, tourangeau comme Bourdichon, qui, comme lui, peignit et des miniatures et des tableaux, qui, comme lui, travailla pour la cour de France, Jean Poyet. De son temps, Jean Poyet était tellement apprécié, que certains témoignages littéraires le rapprochent dans une commune louange de Fouquet lui-même.

L'Exposition des Primitifs aurait encore beaucoup à nous apprendre sur d'autres de nos vieux maîtres, par exemple sur des enlumineurs tels que Jean Colombe de Bourges, tels que l' « excellent peintre François », *egregius pictor Franciscus*, dans lequel on a proposé de reconnaître un fils de Jean Fouquet, ou tels que Jean de Montluçon, Jean Pinchon de Paris, Guillaume Hugueniot de Langres, etc.

Puis, nous arriverions à la dernière période, celle des règnes de François Iᵉʳ, d'Henri II et des fils d'Henri II. Ce seraient alors les tableaux, les portraits, ou les délicieux crayons et les dessins des Jean et des François Clouet, des Corneille de Lyon, des Jean de Court, des Jean Cousin, des François Quesnel, qui solliciteraient notre attention, nous donnant à goûter bien des œuvres charmantes, nous posant aussi bien des énigmes embarrassantes.

Pour aller jusqu'au bout, pour envisager chaque question dans le détail, il faudrait pouvoir disposer de toute l'étendue d'un livre entier.

Je m'arrête donc. Et avant de prendre congé du lecteur, je le prie de se reporter au début de mon étude. J'ai commencé par montrer toutes les causes qui s'étaient comme conjurées pour amener la perte des productions de la peinture française antérieure au milieu du règne de François Ier. Je disais que tout ce qui a figuré à l'Exposition des Primitifs français n'est jamais que l'épave d'un immense naufrage. Ces considérations ne font que rendre encore plus significatif le grand succès obtenu grâce à l'activité sans pareille de M. Bouchot et au dévouement de ses collaborateurs. Pour que, après des siècles de désastres, de destructions fortuites ou voulues, il ait été possible de réunir encore, dans un si bel ensemble, autant d'œuvres nées sur le sol de notre vieille France, il faut réellement que l'art de la peinture ait été jadis, sur ce sol, cultivé dans des proportions singulièrement larges par des écoles très vivantes et très fécondes.

TABLE DES MATIÈRES

BIBLIOTHÈQUE NATIONALE

www.ingramcontent.com/pod-product-compliance
Ingram Content Group UK Ltd.
Pitfield, Milton Keynes, MK11 3LW, UK
UKHW031842170726
13836UKWH00004B/1842